Jules Silver
Numerologie

Jules Silver

NUMEROLOGIE

Ihre Glückszahlen

Eine Kabbala
des 20. Jahrhunderts

Ariston Verlag · Genf

Aus der Reihe „Raritäten"

Andere Werke aus unserem Verlagsprogramm
finden Sie am Schluß dieses Buches verzeichnet

Gesamtherstellung: Druck- und Verlagsanstalt Gutenberg, Linz

Copyright © Ariston Verlag, Genf 1976

Alle Rechte, insbesondere des auszugsweisen Nachdrucks,
der Übersetzung und jeglicher Wiedergabe, vorbehalten
Vierte Auflage 1985

Printed in Austria 1985

ISBN 3 7205 1146 6

INHALT

VORWORT

> *„Die Zahl ist das Wesen aller Dinge."*
>
> Pythagoras

eit Urzeiten haben die Zahlen in den Geheimlehren aller Völker eine magische oder mystische Bedeutung. Schon der Urmensch betrachtete den Himmel und erkannte astrale Rhythmen, zuerst den Zweitaktrhythmus von Tag und Nacht und die Viererperiode der Mondphasen im Rhythmus der 28 Tage. Dabei stellte er eine merkwürdige Übereinstimmung mit gewissen biologischen Abläufen im Frauenkörper fest. Die Beobachtung der kosmischen Systeme bildete die Grundlage astrologischer Spekulationen und lehrte den Menschen mit Zahlen umzugehen.

Die erste große Kulturleistung dieser Art vollbrachten die Maya, eine mittelamerikanische Hochkultur, die sich in ihren Anfängen bis 15.000 v. Chr. nachweisen läßt. Aus Beobachtungen der Himmelsgestirne entstanden Mond- und Sonnentierkreis. Um 8500 vor unserer Zeitrechnung entstand das erste Zahlensystem, mit dem die rhythmischen Abläufe und Planetenbahnen der sichtbaren kosmischen Ereignisse berechnet werden konnten. Nach den Konjunktionen der Venus stellten die Mayavölker einen Venuskalender auf, beruhend auf 65 synodischen Umläufen des Planeten von dreizehnmal 2920 weniger fünf Tagen. Verglichen mit modernen Berechnungen ist dieser Kalender so genau, daß er erst nach 20.800 Jahren nur um einen einzigen Tag differiert.

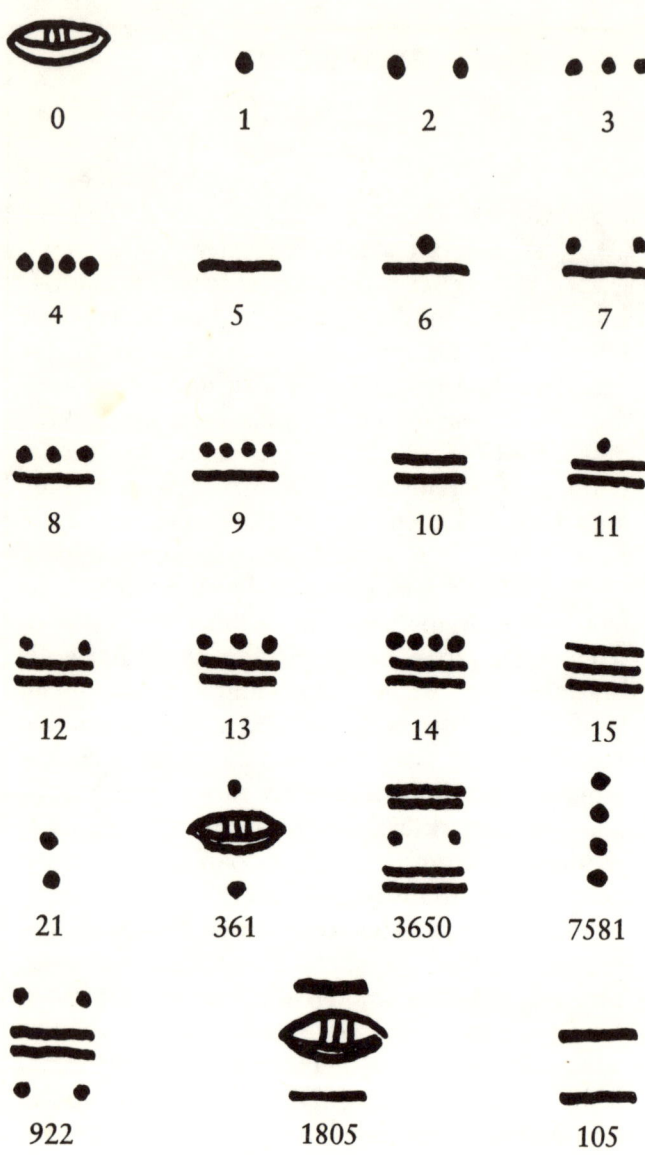

Zahlensystem der Maya

Das pulsierende Weltall, das göttlichen Gesetzen gehorcht, war durch die abstrakten Zahlen und ihre Einordnung in ein logisches System durchschaubar geworden. Um die kosmischen Schwingungen, die das Leben auf der Erde und den Menschen selbst prägen, beeinflussen zu können, bediente sich der erfahrene Magier nun umgekehrt der Zahlen — und so entstand die Zahlenmagie. Das entspricht dem alten magischen Gesetz von der Analogie „Wie im Himmel, so auf Erden" und „Was auf der Erde geschieht, entspricht der göttlichen Gesetzmäßigkeit im Kosmos". Das Weltall ist im Verständnis der okkulten Wissenschaften nichts anderes als ein überdimensionierter menschlicher Organismus, der Makrokosmos entspricht dem Mikrokosmos.

Der Mensch als Teil des Universums aber ist fähig, sich durch seinen Geist auf mystische Weise so weit auszudehnen, daß dieser die ganze Welt erfüllt und schließlich sogar beherrscht — vorausgesetzt, daß sich seine spirituellen Schwingungen mit denen des Kosmos in Übereinstimmung befinden. So ist die Zahlenmagie im Grunde nichts anderes, als das erweiterte Studium des Phänomens der Schwingungen, wobei die Zahlen von Eins bis Neun einen vollständigen Schwingungszyklus darstellen. Montrose sagt treffend in seinem Buch *Numerology for Everybody* (New York 1960):

„Wir leben in einem Universum der Schwingungen, und jeder Mensch, der auf die Welt kommt, strahlt eine ihm eigentümliche Schwin-

gung aus, die ihn von jedem anderen unterscheidet."

Erst die exakten Naturwissenschaften, insbesondere die moderne Physik, haben nachweisen
können, daß sich das Licht, elektrische und
magnetische Impulse in Schwingungen oder Wellen ausdehnen. Unbestreitbar ist, daß diese im
Kosmos wirkenden Kräfte auf die Erde und
ihre Bewohner einen starken Einfluß ausüben.
Auf diese Weise ist das Phänomen sowohl von
Ebbe und Flut zu erklären als auch der Reaktio-
nen empfindsamer Menschen bei Vollmond. So
wie die Saiten eines Musikinstruments mit unter-
schiedlichen Schwingungsfrequenzen vibrieren, ist
der Einfluß der kosmischen Wirkkräfte auf den
Menschen zu verstehen. Das Musikinstrument
des Magiers sind die Zahlen, mit denen er seine
Melodie spielt. Den neun Grundfrequenzen,
neun Noten, die man einem Instrument ent-
locken kann, entsprechen die Zahlen von Eins
bis Neun. Diese Entsprechung geht auf die
Lehre des griechischen Bildhauers und Mathe-
matikers Pythagoras aus Samos (6. Jh. v. Chr.)
und die Entdeckung der musikalischen Schwin-
gungsintervalle zurück.

Die okkulten Wissenschaften gehen nun davon aus, daß der Name eines Menschen seine
persönlichen Schwingungen und damit seinen
individuellen Charakter kennzeichnet. Um die
zahlreichen Namen analysieren zu können, ver-
wandelt der Numerologe die Buchstaben eines
Namens nach einem festliegenden Zahlenschlüssel in Zahlen zwischen 1 und 9. Außerdem
haben für ihn noch die Zahlen 11 und 22 eine

besondere Bedeutung. Von diesem „Instrument" des Zahlenmagiers sagt Richard Cavendish:

„Jede Saite entspricht einer Person, einem Ort oder einem Gegenstand, und jede hat ihre eigene Schwingungsfrequenz, erzeugt ihren eigenen kleinen Laut und bringt, zusammen mit den Klängen aller anderen Saiten, den gewaltigen Ton hervor, den das Universum in jedem einen einzigen Augenblick erklingen läßt. Der Name eines Menschen enthüllt seine charakteristische ‚Note', weil der Name sein inneres Wesen enthält; doch auch das Geburtsdatum hat einen entscheidenden Einfluß, weil der Gesamtklang, den das Universum im Augenblick seiner Geburt hervorbringt, seinem Charakter und Schicksal einen unauslöschlichen Stempel aufdrückt."

Maurice Druon formuliert das in *Les Mémoires de Zeus* so:

„Zahl ist Wort, aber nicht Rede. Sie ist Welle und Licht, aber niemand kann sie sehen. Sie ist Rhythmus und Musik, aber niemand kann sie hören. Sie hat unendliche Variationen, und doch ist sie unveränderlich. Jede Form des Lebens ist eine besondere Art des Widerhalls der Zahl."

Schon die alten Inder, Ägypter und Chaldäer beschäftigten sich mit der okkulten Deutung der Zahlen, welche sie in Beziehung zu den Zeitabläufen und zum individuellen menschlichen Schicksal setzten. Nikomachus, ein Nachfolger des Pythagoras aus dem ersten nachchristlichen Jahrhundert, stellte die Lehre auf, daß das gesamte Universum nach einem durch Zahlen bestimmten Muster aufgebaut ist:

„Alles, was von der Natur im Universum nach einem bestimmten System angeordnet ist, scheint sowohl in seinen Teilen als auch im Ganzen in Übereinstimmung mit gewissen Zahlen festgelegt und geordnet zu sein, und zwar mit Vorbedacht und aus dem Bewußtsein dessen, der alle Dinge erschaffen hat; denn das Muster war wie ein vorläufiger Entwurf festgelegt durch die beherrschende Stellung des Zahlenbegriffs, der vorher im Geist des welterschaffenden Gottes ruhte. Die Zahl ist nur ein Begriff, aber im übrigen absolut immateriell, und dennoch ist sie das wahre und ewige Wesen, so daß mit Bezug auf sie wie auf einen künstlerischen Plan alle diese Dinge geschaffen werden mußten, nämlich die Zeit, die Bewegung, die Himmel, die Gestirne und die Kreisläufe."

Die Zahlenmagie beruht auf der Erkenntnis, daß alle Zahlen aus den ersten neun Zahlen zusammengesetzt sind. Graf Louis Hamon, der als Zahlenmagier unter dem Namen Cheiro bekannt geworden ist, erklärt das mit folgenden Worten:

„Die Zahl 10 zum Beispiel wird, da die Null keine eigentliche Zahl ist, eine Wiederholung der 1. Die Zahl 11 ist nach dem Gesetz der natürlichen Addition, durch welche die Quersumme ermittelt wird, eine Wiederholung der Zahl 2, denn 1 + 1 ergibt 2. Die 12 ist folglich eine Wiederholung der 3, die 13 eine Wiederholung der Zahl 4, und die 19 ergibt als Quersumme die Zahl 10, die wiederum zur Zahl 1 reduziert wird, weil die Null nicht mitgerechnet wird. Die 19 ist nach altem Gesetz der Okkultisten also der 1 zugehörig, die 20 der 2, die 21 der 3 usw."

Der Ursprung und die Grundlage aller Zahlen sind die ersten vier Zahlen, denn ihre Addition ergibt: $1 + 2 + 3 + 4 = 10$. Alle Phänomene des Universums gehen auf diese grundsätzliche Erkenntnis zurück, denn alle geometrischen Körper lassen sich auf diese vier Zahlen zurückführen, wenn man sie als Punkte sieht.

1 hat als Punkt theoretisch keine Ausdehnung. 2 ist eine Linie, die zwei Punkte miteinander verbindet und eine Länge, aber keine Breite hat. 3 besteht aus der Verbindung von 3 Punkten, welche ein Dreieck bilden, das Länge und Breite, aber keine Höhe besitzt. Setzt man zu dem Dreieck einen weiteren Punkt hinzu und verbindet nun alle Punkte miteinander, so entsteht ein Tetraeder, ein Pyramidenkörper mit Längen-, Breiten- und Höhenausdehnung. Dieses Zahlenmuster gilt in der Zahlenmagie als Quelle der ewigen Natur. Danach entwickelten die Jünger des Pythagoras eine mathematische Figur, ein Diagramm, das sie Tetraktys nannten und dem sie hohe magische Kräfte zumaßen. Die Figur zeigt deutlich, daß $1 + 2 + 3 + 4 = 10$ ist.

Aus der Erkenntnis, daß die Harmonie des Alls durch entgegengesetzte Kräfte im Gleichgewicht gehalten wird, daß also alles Sein durch Gegensatzpaare (gerade und ungerade, eins und viele, rechts und links, männlich und weiblich, gut und böse) existiert, entwickelte sich das System der Gegensätzlichkeiten in der Zahlenmagie, wobei allen ungeraden Zahlen die Be-

griffe eins, rechts, männlich und gut, den geraden
Zahlen die Begriffe viel, links, weiblich und böse
zugeordnet wurden.

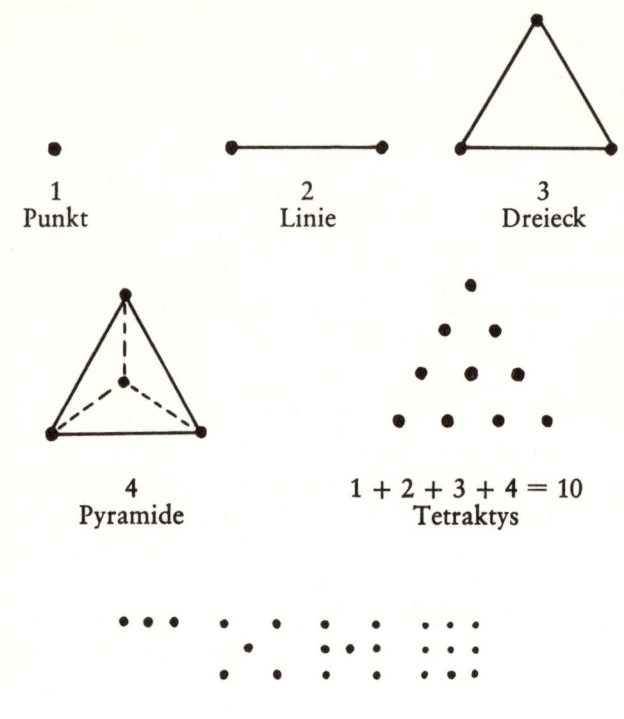

1	2	3
Punkt	Linie	Dreieck

4	$1 + 2 + 3 + 4 = 10$
Pyramide	Tetraktys

Männliche ungerade Zahlen besitzen einen zeugenden Mittelteil.

Weibliche gerade Zahlen besitzen eine rezeptive
Öffnung, einen freien Raum innerhalb ihrer selbst.

Setzt man Zahlen in Punkte um, so zeigt die Bildersprache, daß die ungeraden männlichen Zahlen einen zeugenden Mittelteil enthalten, während die geraden weiblichen eine rezeptive Öffnung, einen freien Raum innerhalb ihrer selbst aufweisen. Ungerade Zahlen sind stärker als gerade, denn sie können nicht so schnell in Nichts aufgelöst werden, da immer ein Punkt in der Mitte zurückbleibt. Addiert man ungerade Zahlen mit geraden, so besiegen die ungeraden die geraden; denn das Ergebnis ist immer eine ungerade Zahl. In der Zahlenmagie sind deshalb die ungeraden Zahlen männlich, aggressiv, beherrschend und meistern die geraden Zahlen, die weiblich, rezeptiv und passiv sind. Im Kapitel *Die tiefere Bedeutung der Zahlen* wird auf diese Gegensätzlichkeit eingegangen werden.

F. Homer Curtiss, Begründer des „Ordens der 15" und der „Fellowship of the Wisdom Religion", schreibt in seinem Buch *Key to the Universe* (Washington 1917):

„Ungerade Zahlen sind heilig, weil sie, wenn wir versuchen, sie in gleiche Teile zu teilen, die Monade, die Zahl 1 übriglassen, das Symbol Gottes, das unberührt zwischen beiden Teilen stehenbleibt. Damit enthüllen sie die höchste Gottheit inmitten ihrer Werke."

Was die kabbalistische Zahlenmagie und die daraus entstandene moderne Numerologie beinhaltet und wie sie arbeitet, das soll in diesem Brevier durch praktische Beispiele gezeigt und erläutert werden.

Der Romantiker Novalis (eigentlicher Name Friedrich Leopold Freiherr von Hardenberg, 1772–1801)
war davon überzeugt, „daß in der Natur eine wun-
derbare Mystik der Zahlen am Werk ist, und
ebenso auch in der Geschichte".

Kabbalistisches Siegel des Magiers Heinrich Cornelius
Agrippa von Nettesheim (1486–1535).

KABBALISTISCHE ZAHLENMAGIE
UND MODERNE NUMEROLOGIE

EINFÜHRUNG

abbala heißt eine alte jüdische Text-sammlung von Geheimlehren, die der Legende nach Abraham direkt von Gott empfangen hat und durch die Jahrhunderte von gelehrten Männern überliefert worden ist. Danach ist der Mensch das verkleinerte Abbild Gottes und das Universum eine Einheit, ein logisches System, das durch Zahlen und Planeten bestimmt wird.

In der *Kabbala* wird die Auffassung vertreten, daß nicht die Sünde den Menschen von Gott trennt, sondern seine Unwissenheit. „Wissen ist Macht" heißt ein altes Sprichwort. Die Kabbalisten streben deshalb ein allumfassendes Wissen an, bis sie in den Besitz der Gnosis gelangen, der Erkenntnis Gottes. In dem Maß, in dem nun der Suchende das göttliche Wissen erlangt, hat er auch am göttlichen Wesen teil. Ein kabbalistischer Kernsatz heißt denn auch: „Gott kennen heißt Gott sein!"

Die *Kabbala,* das „Buch der verborgenen Weisheit", wird seit alten Zeiten von den „Eingeweihten" in hohen Ehren gehalten, und selbst moderne Okkultisten wie Aleister Crowley, Eliphas Levi oder Samuel Lidell Mathers führten ihr Wissen auf dieses Buch zurück. Allerdings heißt es, daß die allgemein zugängliche und gedruckte *Kabbala* nicht die letzten Geheimnisse enthalte, denn dieses letzte Wissen würde nur mündlich weitergegeben. Vertrauenswürdige Eingeweihte hüteten die seltenen alten Dokumente.

Sicher ist, daß die in der *Kabbala* zusammen-
gefaßten Aufzeichnungen (wie jene des Alten
Testaments) von verschiedenen anonymen Ver-
fassern stammen. *Das Buch der Gestaltung* (Sefer
Jezira), das in hebräischer Sprache abgefaßt ist,
soll zum Beispiel zwischen dem 3. und 6. Jh.
n. Chr. in Babylonien entstanden sein. *Das Buch
des Glanzes* (Sefer ha-Sohar) ist hingegen in
aramäischer Sprache geschrieben worden, und
als dessen Verfasser glaubt man den Kabbalisten
Moses de Leon identifizieren zu können. Der
Hauptteil des Werkes soll nach 1275 in Spanien
entstanden sein.

Das Wesen der Kabbalistik ist, daß Ort und
Zeit in die höchste Kategorie aufgelöst werden,
in Zahl- und Maßbegriffe. Das Kürzel für Zahl-
und Maßbegriff aber ist der Name, der eine
Sache oder ein Individuum von anderen unterscheidet. Die Erscheinungsformen sind danach
die Funktionen von Geist und Zahl — und
beider Schlußresultat ist der Name, wobei die
Zahl maßbestimmend auf Zeit und Ort wirkt.
In der logischen Schlußfolgerung heißt das:
Geist, Zeit und Ort bestimmen den Namen.
Das Schicksal eines Menschen baut sich auf
seinem Charakter auf. Schicksalsbestimmung
und Erforschung aus dem Namen sind nun Auf-
gabe der kabbalistischen Zahlenmagie und der
modernen Numerologie.

Nach uralten Gesetzen und Erfahrungen wird
in dieser „göttlichen Wissenschaft" der Name
auf einen Zahlenbegriff zurückgeführt, wobei
umgekehrt aus dem Ergebnis Charakter, Vergangenheit und Zukunft abgelesen werden kön-

Der Seher und Zahlenmagier Michel Nostradamus
(1503–1566).

nen. Auf diese Weise traf der berühmte Gelehrte, Astrologe und Zahlenmagier Michel Nostradamus (1503—1566) seine Voraussagen bis in unser Jahrhundert. Nostradamus hinterließ der Nachwelt 942 prophetische Vierzeiler, die er in prophetische Bücher einordnete. Diese zehn *Zenturien* enthalten je hundert Quatrains, nur die siebte Zenturie umfaßt lediglich 42 Vierzeiler.

Nicht alle seine Prophezeiungen stehen in der richtigen Reihenfolge; doch viele Ereignisse, die er vorausgesagt hat, sind mit erstaunlicher Genauigkeit eingetroffen. Sollte man jemals einen Zahlenschlüssel finden, mit dessen Hilfe man diese Vierzeiler richtig gruppieren könnte, so ergäbe sich die phantastische Tatsache, daß die Weltgeschichte kommender Jahrhunderte buchstäblich im voraus lesbar würde.

In diesem Zusammenhang ist interessant, daß selbst die *Bibel* von der Magie als einer nicht zu bezweifelnden Wirklichkeit spricht — allerdings wird sie verurteilt, weil man die Beschäftigung mit ihr als eine verbotene Einmischung in die göttliche Allmacht sieht.

Während sich der jüdische Kulturkreis schon immer neben dem *Talmud* auch mit der kabbalistischen Lehre auseinandergesetzt hat, begannen christliche Gelehrte und Schriftsteller erst im 15. und 16. Jahrhundert damit, sich mit der alten jüdischen Überlieferung systematisch zu beschäftigen. Neben Johannes Reuchlin (1455 bis 1522) und Johann Pistorius (1546—1608) war es vor allem Heinrich Cornelius Agrippa von

Nettesheim (1486—1535), der sich mit der okkulten Philosophie auseinandersetzte. Bezeichnenderweise trägt das erste Kapitel des zweiten Buches *Über die okkulte Philosophie* den Titel: *Von der Notwendigkeit der mathematischen Wissenschaft und der vielen wunderbaren Werke, die allein durch die mathematischen Künste zustande gebracht werden können.*

BUCHSTABEN UND ZAHLEN
ZAHLENSCHLÜSSEL

evor wir uns eingehend mit der Um-
rechnung von Buchstaben in Zahlen
befassen, wollen wir an dieser Stelle
die gegensätzliche Bedeutung von ungeraden und geraden Zahlen (vgl. S. 15–17)
kurz gegenüberstellen:

1
aktiv, zielstrebig,
mächtig, mitleidlos,
führend, erneuernd

2
passiv, empfänglich,
schwach, mitfühlend,
untergeordnet

3
brillant, froh, künst-
lerisch, glücklich,
leichter Erfolg

4
schwerfällig, langsam,
unschöpferisch, un-
glücklich, harte Arbeit

5
vielseitig, abenteuer-
lustig, nervös, unsicher

6
einfach, ruhig, häus-
lich, mütterlich

7
weltabgewandt,
mystisch, geheimnis-
voll

8
weltzugewandt, mate-
rieller Erfolg oder
Mißerfolg

9
geistige und spirituelle
Errungenschaften

10 (siehe auch 1)
2 × 5, die Zahl der 10
Gebote, der Vollendung

11 (siehe auch 2)
Zahl der Offenbarung
und des Märtyrertums

12 (siehe auch 3)
12 Stämme Israels,
12 Tierkreiszeichen,
12 Monate des Jahres

22
Die Zahl des Meisters

Über die tiefere Bedeutung der Zahlen 1 bis 9, 11 und 22 wird noch ausführlich in den folgenden Kapiteln berichtet werden.

Von den verschiedenen Zahlenschlüsseln, welche alte Zahlenmagier und moderne Numerologen aufgestellt haben, seien hier lediglich zwei wiedergegeben, wobei es dem Leser überlassen bleiben soll, welchen Zahlenschlüssel er benutzen will, um seine Berechnungen anzustellen.

Bei dem älteren hebräischen System werden die fehlenden Buchstaben durch das griechische Alphabet ergänzt. Die Zahl 9 fehlt ganz, denn nach alter Vorstellung drückte die Zahl 9 den unaussprechlichen neunbuchstabigen Namen Gottes aus. Deshalb teilten die okkulten Meister des Altertums dieser Zahl keinen Buchstaben zu. Auch die Zuordnung der Buchstaben zu den Zahlen erfolgt nicht in der uns geläufigen Reihenfolge:

1	2	3	4	5	6	7	8
A	B	C	D	E	U	O	F
I	K	G	M	H	V	Z	P
Q	R	L	T	N	W		
J		S			X		
Y							

Das jüngere moderne System der Numerologie verwendet dagegen die Zahlen 1 bis 9 zur Umrechnung in der gewohnten Reihenfolge des Alphabets:

1	2	3	4	5	6	7	8	9
A	B	C	D	E	F	G	H	I
J	K	L	M	N	O	P	Q	R
S	T	U	V	W	X	Y	Z	

Lettres Finales	Figure		Noms	Lettres correspondantes	Pouvoir numérique
Mère	א	1	Aleph	- - -	1
Double	בּ ב	2	Baith	B	2
			Vaith	V	- -
	ג	3	Gimmel	G	3
	ד	4	Daleth	D	4
Simple	ה	5	Hay	H	5
	ו	6	Wav	W	6
	י	7	Zayin	Z	7
	ח	8	Cheth	Ch	8
	ט	9	Teth	T	9
	י	10	Yood	Y	10
Double	כּ כ	11	Caph	C	20
			Chaph	Ch	- -
Simple	ל	12	Lamed	L	30
Mère	מ ם	13	Mem	M	40
	נ ן	14	Noon	N	50
Simple	ס	15	Samech	S	60
	ע	16	Ayin	- - -	70
Double	פּ פ ף	17	Pay	P	80
			Phay	Ph	- -
Simple	צ ץ	18	Tzadè	Tz	90
	ק	19	Koof	K	100
Double	ר	20	Raish	R	200
Mère	שׁ שׂ	21	Sheen	Sh	300
			Seen	S	- -
Double	ת ת	22	Tav	T	400
			Thav	Th	- -

Alte französische Umrechnungstabelle des hebräischen
Alphabets.

Vergleichen wir die beiden Systeme miteinander, so stellen wir fest, daß weniger als die Hälfte der Buchstaben die gleichen Zahlenwerte haben. So kommt es, daß die Anhänger der alten kabbalistischen Zahlenmagie zu ganz anderen Ergebnissen bei ihren Untersuchungen kommen als die modernen Numerologen, obwohl sie den gleichen Begriff oder den gleichen Namen berechnen. Wir brauchen uns hier auf die Divergenzen zwischen alter Zahlenmagie und moderner Numerologie nicht näher einzulassen. Graf Louis Hamon, der sich wie gesagt Cheiro nannte, kam jedenfalls in seinem *Buch der Zahlen* zu dem Schluß:

„Die (hebräische) Umrechnungstabelle beruht auf einem uralten, bereits den Chaldäern und Hebräern zugeschriebenen zahlenmagischen System, und meine Erfahrung bestätigte, daß es sich um die beste Methode auf dem Gebiet der okkulten Zahlenlehren handelt. Die Hebräer sollen dieses System von den in weiter zurückliegenden Zeiten lebenden Chaldäern, die Meister magischer Künste waren, übernommen haben.

Für die Zahlen gab es im Hebräischen keine Schriftzeichen, denn die Buchstaben des Alphabets bezeichneten gleichzeitig bestimmte Zahlen. So bedeutete das hebräische Aleph (A) 1, Beth (B) 2, Gimel (G) 3 usw. Da die Null in der Zahlenmagie nicht beachtet wird, bedeutet Lamed (L = 30) 3 und Taw (T = 400) 4. In der nachfolgenden Aufstellung finden sich Entsprechungen für insgesamt 18 Buchstaben des lateinischen Alphabets.

Hebräischer Buchstabe	Lateinische Entsprechung	Zahlen-wert	Magischer Zahlenwert
Aleph	A	1	1
Beth	B	2	2
Gimel	G	3	3
Daleth	D	4	4
He	H	5	5
Waw	V, W	6	6
Sajin	stimmhaftes S	7	7
Heth	—	8	—
Teth	—	9	—
Jod	J	10	1
Kaph	K	20	2
Lamed	L	30	3
Mem	M	40	4
Nun	N	50	5
Samech	—	60	—
Ajin	—	70	—
Pe	P	80	8
Sade	—	90	—
Qoph	Q	100	1
Resch	R	200	2
Schin	S	300	3
Taw	T	400	4
Kaph	—	500	—
Mem	—	600	—
Nun	—	700	—
Pe	—	800	—
Sade	—	900	—

Für die in diesem hebräischen Alphabet nicht enthaltenen Buchstaben wurden entsprechende Zahlenwerte gefunden:

C = 3,　entsprechend G
E = 5,　entsprechend dem griechischen Epsilon
F = 8,　entsprechend dem hebräischen Pe (80)
I = 1,　entsprechend Jota (10)
O = 7,　entsprechend dem Omikron (70)
U = 6,　entsprechend dem V
X = 6,　entsprechend Xi (60)
Y = 1,　entsprechend dem Jota (10)

Da sich die moderne Numerologie auf die alte Zahlenmagie bezieht, erscheint es angezeigt, bei unseren Beispielen das alte System zu verwenden. Bei der Umrechnung von Buchstaben in Zahlen ist zu berücksichtigen, daß Wörter, die mit „ä", „ö" oder „ü" geschrieben werden, in „ae", „oe" und „ue" umgewandelt werden müssen — also zum Beispiel „Bär" in „Baer", „Möhre" in „Moehre" und „Müller" in „Mueller". Ebenso wird der Buchstabe „ß" in ein doppeltes „s" umgewandelt — daher „Straße" in „Strasse".

Für unsere Berechnungen ergibt sich also folgende Entsprechung:

A = 1	G = 3	M = 4	S = 3	Y = 1
B = 2	H = 5	N = 5	T = 4	Z = 7
C = 3	I = 1	O = 7	U = 6	
D = 4	J = 1	P = 8	V = 6	
E = 5	K = 2	Q = 1	W = 6	
F = 8	L = 3	R = 2	X = 6	

DIE BERECHNUNG VON BEGRIFFEN
MIT BEISPIELEN

lle Dinge, Begriffe, Wesenheiten oder Eigennamen, die wir mit Wörtern bezeichnen bzw. in Worte fassen, können mit dem magischen Zahlenschlüssel berechnet und gedeutet werden. Beginnen wir mit den Begriffen. Diese bezeichnen nicht bestimmte Personen. Der große Philosoph Immanuel Kant definierte *(Logik I, 1, § 1):*

„Der Begriff ist der Anschauung entgegengesetzt; denn er ist eine allgemeine Vorstellung oder eine Vorstellung dessen, was mehreren Objekten gemein ist, also eine Vorstellung, sofern sie in verschiedenen enthalten sein kann."

Das Wesen des Begriffs besteht darin, daß mit ihm etwas Allgemeines, Abstraktes, Generelles gemeint wird im Gegensatz zum Besonderen, Konkreten, Individuellen. An einigen folgenden Rechenbeispielen wollen wir das deutlich machen.

Liebe

Der Begriff „Liebe" wird auf folgende Weise umgerechnet:

L = 3   Die Summe der entsprechenden Zah-
i = 1   len beträgt 16. Die Quersumme dieses
e = 5   Ergebnisses ist: 1 + 6 = 7. Die Bedeu-
b = 2   tung der 7 aber ist das Geheimnis-
e = 5   volle. Liebe ist also eine geheimnis-
――   volle Macht. Um dieses Geheimnis
16   näher zu begründen, subtrahiert man

die Quersumme vom ursprünglichen Ergebnis: $16 — 7 = 9$. Ein Gesetz der Zahlenmagie ist, daß jede Zahl minus ihre Quersumme durch 9 zu teilen ist, also $9 : 9 = 1$. Dieses Ergebnis sagt mehr über den Begriff Liebe, denn 1 steht für aktiv, zielstrebig, mächtig, mitleidlos, führend, erneuernd. Unglücklich oder auch glücklich verliebte Menschen wissen von dieser mitleidlosen oder erneuernden Macht der Liebe.

Ehe

Mündet eine Liebe in der Ehe, so werden sich die Grundvoraussetzungen nicht ändern.

E = 5   Die Quersumme von 15 ist: $1 + 5 = 6$.
h = 5   Die Bedeutung der Zahl 6 ist „einfach,
e = 5   ruhig, häuslich, mütterlich". 6 ist aber
——   auch die Zahl der Erotik, des Sex.
15        $15 — 6 = 9 : 9 = 1$. Wir sind wieder

bei dem gleichen Ergebnis angelangt, das wir auch für den Begriff „Liebe" errechnet haben.

Leben — Kampf — Mensch

Das Leben ist ein ständiger Kampf, den der Mensch führen muß. Er kämpft um seine Existenz, seinen Unterhalt, seine Familie — und im Krieg buchstäblich um sein Leben.

L = 3 $20 = 2 + 0 = $: passiv, empfänglich,
e = 5   schwach, mitfühlend, untergeordnet.
b = 2   Der Mensch wird vom Schicksal hin-
e = 5   und hergeworfen. $20 — 2 = 18 : 9 = 2$.
n = 5   Durch die weiterführende Rechenope-
——   ration kommen wir zum gleichen Er-
20   gebnis. Wie er dennoch versuchen kann,

als „Eingeweihter" sein Leben positiv zu beeinflussen, werden wir an späteren Beispielen erläutern.

Der sefirotische Baum mit den zehn Zahlen als
göttlichen Emanationen: Aspekte des Unendlichen.

Wie eng die Begriffe „Kampf" und „Mensch" verbunden sind, zeigt sich an nachfolgender Gegenüberstellung.

	M = 4
K = 2	e = 5
a = 1	n = 5
m = 4	s = 3
p = 8	c = 3
f = 8	h = 5

$$23 = 2 + 3 = 5 \qquad 25 = 2 + 5 = 7$$
$$23 - 5 = 18 \qquad 25 - 7 = 18$$
$$18 : 9 = 2 \qquad 18 : 9 = 2$$

Der Lebenskampf zeigt sich als vielseitiges Abenteuer (5), das den Menschen nervös und unsicher macht. Der Mensch und seine Seele kann niemals ganz erfaßt werden, denn er hat etwas Geheimnisvolles und Mystisches, sein Geist etwas Weltabgewandtes. Und wieder ist es die 2, welche die beiden Begriffe miteinander verbindet.

Manche Begriffsbestimmungen sind in ihrer Bedeutung so komplex, daß man sie mit einer Kurzbeschreibung (vgl. Seite 26) nicht vollständig erfassen kann. Wie verweisen den Leser deshalb auf die ausführliche Zahlendeutung, die wir in den folgenden Kapiteln dieses Buches geben.

DIE BERECHNUNG VON WESENHEITEN MIT BEISPIELEN

nter Wesenheit verstehen wir das, was das Wesen oder die Natur eines Individuums oder Gegenstandes ausmacht, seine von ihm lösbare und für sich denkbare Idee. Diese Essentia steht im Gegensatz zum Dasein (Existentia). In der Zahlenmagie versteht man unter dem Begriff „Wesenheit" einen Menschen, der nicht mit Namen genannt wird, also: Vater, Mutter, Kind, Onkel, Tante usw. Bei der Berechnung von Wesenheiten ist allein das Ergebnis der Quersumme für die Deutung ausschlaggebend.

Als Beispiele wollen wir nun einmal die Wesenheiten „Vater", „Mutter", „Kind" berechnen, die eine „Familie" bilden.

V = 6	Die Quersumme von 18 ist: $1 + 8 = 9$.
a = 1	Die 9 ist eine ungerade, starke und
t = 4	männliche Zahl. Sie steht als Symbol
e = 5	für Schöpfungs- und Willenskraft. Wie
r = 2	wir bereits erwähnt haben, ist die Zahl
___ 18	9, die im hebräischen Zahlenschlüssel fehlt, eine göttliche Zahl, welcher eine hohe mystische Bedeutung zukommt.

M = 4	$25 = 2 + 5 = 7$, die Zahl des Ge-
u = 6	heimnisvollen der Menschwerdung,
t = 4	denn durch die Mutter wird das Kind
t = 4	geboren, das der Vater gezeugt hat.
e = 5	Als Mutter hat sich das Leben einer
r = 2	Frau (Zahlenwerte: $8 + 2 + 1 + 6 =$
___ 25	$17 = 1 + 7 = 8$) erfüllt. Deshalb ist die Zahl der Mutter (7) stärker als die

gerade und schwache Zahl der Frau (8), welche nicht Mutter ist.

K = 2	Das Ergebnis aus der Verbindung von
i = 1	Mann und Frau, von Vater und Mut-
n = 5	ter, ist das Kind, dessen Zahl 12 ist.
d = 4	Quersumme: 1 + 2 = 3 eine wieder-
12	um ungerade, starke Zahl, welche die
	Bedeutung „froh und glücklich" hat.

Gute Ehen verheißen denn auch für Söhne und Töchter eine frohe und glückliche Kindheit.

Die Addition der errechneten Quersummen für Vater, Mutter und Kind ergibt: 9 + 7 + 3 = 19, die Quersumme dieses Ergebnisses lautet wiederum: 1 + 9 = 10 = 1 + 0 = 1, die Zahl der Einheit, die sich in der Familie manifestiert.

F = 8	23 = 2 + 3 = 5. Eine Familie zu
a = 1	gründen, ist stets ein Abenteuer. Aber
m = 4	die 5 hat sehr viele freundliche Aspekte,
i = 1	denn es ist die Zahl der Geselligkeit,
l = 3	der guten Laune und Toleranz. Weit-
i = 1	herzigkeit, Milde und Güte werden die-
e = 5	ser Zahl zugesprochen, von der es
23	heißt, daß sie die Kraft des Geistes besitzt, über alle Schicksalsschläge hinwegzuhelfen.

NAMENSZAHL
CHARAKTER UND SCHICKSAL DES MENSCHEN

ach magischer Vorstellung enthält jeder Name das innere Wesen eines Individuums. Der individuelle Name bezeichnet eine bestimmte Person und unterscheidet sie von anderen. In der Magie ist deshalb der Name eines Menschen sein kleines Abbild, das an seine Stelle gesetzt wird. Will ein Mensch ein neues Leben beginnen, will er sein altes abstreifen und buchstäblich in eine neue Haut schlüpfen, so wird er seinen Namen ändern müssen — wie alle „Eingeweihten" ihren Geburtsnamen in einen magischen Namen änderten, den sie nach Beitritt zu einem magischen Zirkel oder nach den Einweihungsmysterien neu annahmen.

Das geschieht noch heute bei Geistlichen und Nonnen, die in einen Orden eintreten und ihren bürgerlichen Namen mit einem neuen Klosternamen vertauschen. Dieser Namenswechsel dokumentiert den Beginn eines neuen Lebens in der religiösen Gemeinschaft. Dieses Phänomen wollen wir aber später in einem gesonderten Abschnitt ausführlich behandeln.

Da der Name eines Menschen für ihn schicksalbestimmend ist, sollten Eltern bei der Namenswahl ihres Kindes nach sorgfältigen Überlegungen vorgehen; denn dieser beeinflußt nach magischer Überlieferung den Charakter. Umgekehrt kann der nach kabbalistischen Regeln entschlüsselte Name Charakter und Schicksal seines Trägers enthüllen.

Der Numerologe sollte stets den Namen zum Ausgangspunkt seiner Berechnungen benutzen, mit dem sich sein Träger identifiziert. Der volle Taufname des ermordeten US-Präsidenten Kennedy lautete zum Beispiel John Fitzgerald, er selbst identifizierte sich aber nur mit der Schreibweise John F. Kennedy. Ein anderes Beispiel: Lautet der Taufname eines Menschen Fritz, nennt er sich später aber Freddy, so ist letzterer allein numerologisch zu berechnen.

Das Ergebnis der Berechnung von Tauf- und Familienname ergibt das Karma des Namensträgers, d. h. dasjenige, was das Wesen des Menschen bestimmt, zugleich das Unsterbliche. Der Grundgedanke der indischen Karmalehre besteht darin, daß der Mensch selbst sein Schicksal ist, daß er gut und glücklich durch gute Taten, böse und unglücklich durch böse Taten wird. Das Karma bestimmt auch das Leben des Menschen nach dem Tod und ist mit dem Begriff „Schicksal" gleichzusetzen.

Ohne gleich seinen ganzen Namen ändern zu müssen, kann ein Mensch seinen bisher geführten Vornamen Rudolf zum Beispiel in Rudi umwandeln, um so zu einem anderen Zahlenergebnis zu kommen. Ein Namenswechsel vollzieht sich im allgemeinen bei Mädchen, die heiraten und den Namen des Mannes annehmen. Mit diesem durch Heirat bedingten Namenswechsel verändern sich auch allmählich das Schicksal und der Charakter. Der erfahrene Numerologe wird

beurteilen können, ob es für eine Frau zweck-
mäßiger ist, ihren Mädchennamen ganz aufzu-
geben oder nach ihrer Heirat einen Doppelnamen zu führen, indem sie ihren Mädchennamen vor ihren Ehenamen setzt. Das ist oft bei
Künstlerehen der Fall. So führt zum Beispiel die
Malerin Eva Sendler nach ihrer Heirat mit dem
Maler Adolf Röder den Doppelnamen Eva Send-
ler-Röder. Manche bekannte Schauspielerinnen
geben überhaupt nicht ihren Ehenamen an, wie
zum Beispiel Vivi Bach, die mit dem Schauspieler Dietmar Schönherr verheiratet ist, oder
Elisabeth Flickenschildt, von der die wenigsten
Menschen wissen, daß sie mit dem Theater-
historiker Prof. Dr. Rolf Badenhausen verheiratet
ist.

Die Zahl des Mädchennamens zeigt also Charakter und Schicksal der Frau vor ihrer Ehe, die
Namenszahl nach der Heirat die Auswirkungen
in der Ehe. Dazu ein Beispiel. Die ehemalige
Filmschauspielerin Grace Kelly nahm durch Heirat den Namen Fürstin Gracia Patricia Grimaldi
von Monaco an. Die Umrechnung ihres Mädchennamens wird folgendermaßen ausgeführt:

G r a c e   K e l l y
3+2+1+3+5 + 2+5+3+3+1 = 28

Dieses Ergebnis wird durch Quersummenbil-
dung auf eine numerologisch bedeutsame Zahl
zurückgeführt: $28 = 2 + 8 = 10 = 1 + 0 = 1$.
Die Schicksalszahl der amerikanischen Filmschauspielerin lautet also 1, die Zahl des Positiven und Schöpferischen. Menschen mit der
Namenszahl 1 sind sehr zielstrebig. Ihre Arbeit

ist von Erfolg gekrönt. Sie sind selbstbewußt, ehrgeizig, schöpferisch und erfindungsreich — Eigenschaften, welche Grace Kelly zu ihrem Filmruhm verhalfen.

Weitere wichtige Charakterzüge eines Menschen lassen sich aus der Zahl ablesen, welche am häufigsten in seinem Namen auftritt. Für Grace Kelly ergibt sich dabei die Zahl 3, die viermal in ihrem Mädchennamen vorkommt (neben jeweils zweimal 1, 2 und 5). Die 3 deutet auf einen ehrgeizigen, phantasievollen und vielseitigen Menschen. Personen mit der Charakterzahl 3 sind charmant, auf künstlerischem Gebiet hochtalentiert und werden vom Glück begünstigt.

Durch ihre Heirat nahm Grace Kelly den Namen an:

G r a c i a   P a t r i c i a
3+2+1+3+1+1 + 8+1+4+2+1+3+1+1 +

G r i m a l d i   v o n   M o n a c o
3+2+1+4+1+3+4+1 + 6+7+5 + 4+7+5+1+3+7 = 96

Die Quersumme von 96 ist $9 + 6 = 15$, die Quersumme von 15 ist $1 + 5 = 6$, die Digitalwurzel aus 96 ist also 6, die Zahl der Erotik und der Liebe. Aus diesem Grund kann mit Sicherheit gesagt werden, daß es sich um eine echte Liebesheirat zwischen Grace Kelly und Fürst Rainier gehandelt hat. Die Zahl 6 hat viele mütterlich-fürsorgliche Aspekte und steht für Harmonie und Häuslichkeit. Aus der ehrgeizigen und erfolgreichèn Künstlerin wurde eine liebevolle Frau und Mutter.

Grace Kelly – Fürstin Gracia Patricia Grimaldi von
Monaco.

Zählt man die Häufigkeit der einzelnen vorkommenden Buchstaben aus, so ergibt sich mit weitem Abstand die 1, die elfmal vorkommt (neben 3 = sechsmal, 4 = viermal, 2 und 7 je dreimal, 5 = zweimal, 6 und 8 je einmal). Die Eins aber ist die Zahl der Einheit und Beständigkeit.

Ein anderes Beispiel aus der Geschichte: Kaiser Nero, der größenwahnsinnige Römer und Despot auf dem Thron. Er wurde als Lucius Domitius Ahenobarbus im Jahr 37 n. Chr. geboren. Bei seiner Wahl zum römischen Kaiser nahm er den Namen Nero an.

L u c i u s D o m i t i u s
3+6+3+1+6+3 + 4+7+4+1+4+4+1+6+3 = 52

A h e n o b a r b u s
1+5+5+5+7+2+1+2+2+6+3 = 39

Die Namenszahl des vollständigen Geburtsnamens lautet also: $52 + 39 = 91 = 9 + 1 = 10 = 1$. Menschen mit der Namenszahl 1 haben meist ausgeprägte Eigenarten und sind auch schöpferisch begabt. Nero war in den schönen Künsten ausgebildet und spielte selbst die Laute.

Die Namenszahl des Kaisernamens lautet:

N e r o
5+5+2+7 = 19

Jeder Zahl wird sowohl positive wie auch negative Bedeutung im Sinn der okkulten Lehre der Gegensätzlichkeiten zugesprochen. Wie wir bereits sagten, ist der Mensch selbst sein Schicksal, und es kommt auf ihn an, ob er sein Karma zum Guten oder Bösen lenkt. Die negative Bedeutung der Zahl 1 ist aber, daß die Menschen, die ihr unterstehen, ihre Umgebung beherrschen und tyrannisieren — und Nero war ein Tyrann, der mit beispielhafter Grausamkeit Menschen hinrichten ließ, der angeblich Rom angezündet hat, wahnsinnig wurde und sich schließlich von einem Getreuen erstechen ließ. Der Einfluß der Eins wurde bei ihm doppelt wirksam, denn auch die Quersumme seines Kaisernamens lautet $19 = 1 + 9 = 10 = 1 + 0 = 1$.

Vergleicht man die Häufigkeit der einzelnen Buchstabenzahlen in Neros Geburtsnamen, so ergibt sich folgendes Bild:

1 = fünfmal	2, 4, 5 = je dreimal
3 = fünfmal	7 = zweimal
6 = viermal	

Wieder ist es die 1, die in ihrem negativen Einfluß wirksam wird, wobei die 3 ebenso häufig vorkommt. Die negative Bedeutung der Drei besagt Veränderlichkeit, Launenhaftigkeit und Ruhelosigkeit — Anlagen, die schließlich bei Kaiser Nero zum Wahnsinn führten. Nicht selten entwickelt die Drei Neigungen zu Hochmut und Herrschsucht, Gnadenlosigkeit und Selbstüberschätzung.

Die häufigste Buchstabenzahl im Kaisernamen ist die 5 (zweimal), die in ihrer negativen Ausdeutung Mangel an Ausdauer, leichte Reizbarkeit und schnell verflackernder Zorn bedeutet — Eigenschaften, die Kaiser Nero nachgesagt worden sind.

Bei diesen willkürlich gewählten Beispielen zeigt sich, was die Kabbalistik und Numerologie zu leisten vermag, um das Schicksal und den

Charakter eines Menschen zu deuten. Dabei sind die Namenszahl und die aus ihr zu errechnende Charakterzahl nur zwei Ansatzpunkte für die Erstellung eines vollständigen Charakterogramms und einer umfassenden Schicksalsdeutung. In den folgenden Abschnitten dieses Kapitels werden wir tiefer in die Geheimnisse der Zahlenmagie eindringen und mehr über Wesen, Charakter und Schicksal der beiden beispielhaft gewählten Persönlichkeiten aussagen können.

Die positiven (+) und negativen (—) Bedeutungen der karmischen Namenszahlen zeigt die nachfolgende Aufstellung:

1 + zielstrebig, erfolgreich, charakterstark, selbstvertrauend, selbstbewußt, ehrgeizig, gute Konzentrationsfähigkeit und gutes Gedächtnis, schöpferisch und erfindungsreich, allem Neuen und Ungewöhnlichen aufgeschlossen, selbständig, energisch, vertrauenswürdig, begeisterungsfähig.

— hartnäckig, aggressiv; wenig Bereitschaft, sich unterzuordnen oder mit anderen zusammenzuarbeiten, keinen Ratschlägen zugänglich, nicht immer angenehm im Umgang; wenig Bereitschaft, echte Freundschaften zu schließen; mangelnde Fähigkeit, tiefe Liebe zu empfinden; herrschsüchtig, tyrannisch.

2 + sanft, liebenswürdig, taktvoll, versöhnlich, ausgeglichen, friedliebend, harmonisch, gewissenhaft, ordentlich, bescheiden, diplomatisch, ausgeprägte intellektuelle Fähigkeiten (aber ohne eigentliche schöpferische Anlagen).

— wankelmütig; Neigung, Entschlüsse auf-
zuschieben und die „zweite Geige" zu
spielen; bessere Untergebene als gute
Führungspersönlichkeiten; gelegentliche
Neigung zu Grausamkeit, Arglist und
Falschheit.

3 + hochbegabt, phantasievoll, vielseitig,
energisch, kühn, lebendig, geistreich, wit-
zig, lebhaft, erfolgreich, hochtalentiert
auf künstlerischem Gebiet, vom Glück begünstigt, stolz, innerlich unabhängig, ehrgeizig, dominierend, aktiv, fleißig, Sinn
für Gemeinschaft.

— diktatorisch; Unfähigkeit, irgend etwas
ernst zu nehmen; gefallsüchtig, zerstreut,
launenhaft, ruhelos, geschwätzig; Unfähigkeit, sich auf eine einzige Sache zu
konzentrieren.

4 + solide, praktisch, organisatorische und
verwalterische Begabung, erdverbunden,
ruhig, ausdauernd, fleißig, gesellschaftlich
angesehen; Fähigkeit, hart zu arbeiten.

— phantasielos, wenig anregend, nicht
schöpferisch, ernst, finster, abweisend,
schwerfällig, mißtrauisch; Anfälle von
Melancholie und plötzlichen Wutausbrü-
chen; Anlagen zur Gewalttätigkeit; jeder
Erfolg muß hart erkämpft werden. —
Die 4 ist der Überlieferung nach die Zahl
der Armut, des Elends und der Niederlage.

5 + intelligent, sympathisch; reisefreudig,
abenteuerlustig, risikofreudig, beweglich,

elastisch; vielseitig, unterhaltend, begeisterungsfähig, geschäftstüchtig.

— undurchschaubar, geheimnisvoll, unruhig,
sprunghaft, ungeduldig; Neigung zu
Glücksspiel und windigen Spekulationen;
aufbrausend, rücksichtslos, genußsüchtig;
die negative Seite des Charakters kann
zu einem höchst instabilen Liebesleben
führen, wobei sich Exzesse, Ausschweifungen und Perversitäten zeigen können.

6 + harmonisch, häuslich, friedlich, ausgeglichen, freundlich, zuverlässig, freundschaftlich, mütterlich, familienbewußt,
treu; gewissenhaft, idealistisch, herzlich,
tüchtig und gründlich.

— zu konservativ, wenig Sinn für materielle
oder geschäftliche Belange, klatschsüchtig,
eigensinnig, eingebildet, selbstgefällig; obwohl der geniale Zug fehlt, können diese
Menschen dennoch erfolgreiche Lehrer
oder Künstler sein.

7 + würdig, reserviert, selbstbeherrscht; wissenschaftliche und philosophische Neigungen neben Sinn für Mystik; phanta-
siebegabt, intelligent, opferbereit.

— zu ernst und wenig humorvoll, Hang
zum Düsteren und Ausgefallenen; Unfähigkeit, gute Gedanken auszudrücken
oder zu präzisieren; pessimistisch, enttäuscht, unnahbar, sarkastisch, wenig
taktvoll.

8 + stark, widerstandsfähig, praktisch; Fähigkeit zu wirtschaftlichem Denken; arbeits-

willig, erfolgreich durch große Anstrengungen, vorsichtig, zäh.

— materieller Erfolg oder Mißerfolg liegen dicht beieinander (Doppeldeutigkeit der 8); hart, materialistisch, selbstsüchtig, tyrannisch, skrupellos, Hang zum Absonderlichen, Wille zur Rebellion, wenig herzlich, schwerfällig.

9 + hohe geistige und spirituelle Errungenschaften, hochherzig, hellsichtig, idealistisch, romantisch, leidenschaftlich, charmant, hilfreich, freundschaftlich, willensstark, begeisterungsfähig, anziehend, inspirierend.

— zu impulsiv, intolerant, hartherzig, selbstgefällig, egozentrisch.

11 + Fähigkeit zu intensivem Erleben, intuitiv; ähnliche positive Bedeutung wie die unter 9 angeführten Eigenschaften, aber auf höherer Ebene; starke Persönlichkeiten, vital und von großem moralischem Mut; opferbereit; hohe Leistungen auf allen geistigen Gebieten. Manche Numerologen machen darauf aufmerksam, daß die 11 zu 2 (1 + 1 = 2) reduziert werden muß, wobei ein nicht ganz so positives Ergebnis erzielt wird.

— siehe 9, beziehungsweise 2.

22 + die Zahl des Meisters, in der sich alle guten Eigenschaften der Zahlen 1 bis 9 vereinigen.

— die 22 läßt sich zur unheilvollen 4 (2 + 2 = 4) reduzieren, worauf zahl-

reiche Numerologen hinweisen. 22 ist
auch die Zahl des Meisters der unheilvollen schwarzen Magie.

HERZZAHL
DAS INNERE WESEN DES MENSCHEN

ie Summe der Vokale, die in einem Namen enthalten ist, bezeichnet der Numerologe als Herzzahl. Sie enthüllt das innere Wesen des Menschen, das Selbst, das unter einer vielleicht aufgesetzten Tarnkappe verborgen ist. Die Herzzahl sagt etwas über die eigentlichen Interessen, Neigungen und Abneigungen der betreffenden Person, die durch die Zahlenmagie entschleiert werden soll.

Vervollständigen wir also das bisherige Bild, das wir uns von unseren beiden Beispielpersönlichkeiten gemacht haben, um auf diese Weise schließlich zu einem umfassenden Gesamteindruck zu kommen.

Im Namen von Grace Kelly errechnen wir die Herzzahl aus folgenden Vokalen:

a = 1   Die Herzzahl von Grace Kelly ist also
e = 5   11 (y = 1 wird nur dann als Vokal be-
e = 5   handelt, wenn der Name sonst keinen
‾‾‾‾   anderen Vokal enthält, sonst zählt er
11   als Konsonant). Die Zahl 11 kann durch Quersumme auf die Zahl 1 + 1 = 2 zurückgeführt werden, die Zahl des ewig Weiblichen und der fraulichen Ausstrahlungskraft. Manche Numerologen sind der Ansicht, daß die Zahl 11 nicht mehr auf ihre Digitalwurzel reduziert werden soll. Elf ist die Zahl der Offenbarung und des Märtyrertums (Verzichts). Religionsstifter, bedeutende Wissenschaftler und

erfolgreiche Politiker haben häufig die Elf als Herzzahl. Bei Grace Kelly ist die Elf hinweisend auf den Verzicht auf ihre künstlerische Laufbahn infolge ihrer Heirat. Sicher ist ihr dieser Entschluß nicht leichtgefallen, doch die Liebe zu ihrem Mann siegte über alle ehrgeizigen Pläne. Die Zahl 11 zeigt aber auch, daß sie als Schauspielerin hervorragende Leistungen hervorbringen konnte. Das haben u. a. ihre Rollen in den Filmen *Zwölf Uhr mittags, Bei Anruf Mord, Das Fenster zum Hof* und *Über den Dächern von Nizza* gezeigt.

Die Herzzahl im Heiratsnamen von Fürstin Gracia Patricia Grimaldi von Monaco lautet:

a = 1	Die Quersumme von 25 ist: $2 + 5 = 7$,
i = 1	die Zahl, die Würde, Reserviertheit,
a = 1	Selbstbeherrschung und Ernst bedeutet.
a = 1	Fürstin Gracia hat sich ganz in ihre
i = 1	neue Welt eingelebt und ist eine wür-
i = 1	dige Repräsentantin ihres kleinen Lan-
a = 1	des. Sieben ist aber auch die Zahl der
i = 1	einsamen Menschen, der Einsiedler. Es
a = 1	muß bezweifelt werden, daß sich Gracia
i = 1	Patricia in der kalten Pracht ihres
o = 7	Palastes wohlfühlt. Nicht selten zeigen
a = 1	die Menschen mit der Herzzahl 7 eine
o = 7	Neigung zum Traumhaften, aber auch
―――	
25	zum Düsteren und Ausgefallenen.

Wird die dunkle Seite dieser Anlage durch äußere Einflüsse oder eine pessimistische Grundhaltung dadurch begünstigt, daß der Mensch diesen Anwandlungen nicht energisch begegnet, so können diese Aspekte unheilvoll wirken und

Lucius Domitius Ahenobarbus – Kaiser Nero
(37–68 n. Chr.)

den Menschen tief unglücklich, pessimistisch, enttäuscht und unnahbar machen. Sieben ist im übrigen die Zahl der Gelehrten, Philosophen, Mystiker und Okkultisten.

Die Herzzahl von Lucius Domitius Ahenobarbus ist:

u = 6	Die Quersumme von 48 ist: $4 + 8 =$
i = 1	12, die Quersumme von 12: $1 + 2 = 3$.
u = 6	Die Digitalwurzel aus 48 ist also 3, die
o = 7	mit unserer gesuchten magischen Herz-
i = 1	zahl identisch ist. 3 weist in der nega-
i = 1	tiven Ausdeutung auf einen Diktator
u = 6	und rücksichtslosen Menschen hin, dem
a = 1	jedes Mittel recht ist, um an das einmal
e = 5	anvisierte Ziel zu gelangen.
o = 7	Zum gleichen Ergebnis kommen wir,
a = 1	wenn wir die Herzzahl des Kaiser-
u = 6	namens Nero errechnen, denn: $5 \, (= e)$
48	$+ \, 7 \, (= o) = 12 = 1 + 2 = 3$. Das

zeigt, daß die negative charakterliche Anlage durch Neros Amt als Kaiser noch gefördert wurde. Außerdem demonstriert sich hier die Unfähigkeit, irgend etwas ernst zu nehmen.

PERSÖNLICHKEITSZAHL
DIE ÄUSSERE ERSCHEINUNG DES MENSCHEN

o wie die Summe aller Vokale eines Namens die Herzzahl ergibt, so errechnet man die Persönlichkeitszahl durch Addition aller Konsonanten, die im Namen vorkommen. Die Persönlichkeitszahl sagt etwas über die äußere Erscheinung, das Auftreten des Menschen nach außen aus, also den Eindruck, den er bei seinem Auftreten bei anderen Menschen erweckt.

Vertiefen wir das Charakterogramm unserer beiden Beispielspersonen weiter. Die Persönlichkeitszahl für Grace Kelly lautet:

G = 3	Die Quersumme von 17 ist: $1 + 7 = 8$.
r = 2	(Wie gesagt gilt y als Konsonant, wenn
c = 3	der Name noch andere Vokale ent-
K = 2	hält.) Menschen mit der Persönlichkeits-
l = 3	zahl 8 sind im allgemeinen verschlossen
l = 3	und nur selten bereit, mit anderen Men-
y = 1	schen über ihre Gefühle zu diskutieren.
‾‾17	Sie geben sich kompromißlos und er-

wecken den Eindruck der Unnahbarkeit. Doch der Schein trügt, wie wir aus der Herzzahl von Grace Kelly ersehen können.

Die Acht ist auch die Zahl der Macht, der Finanzen und der weltzugewandten Dinge. Manchmal liegen materieller Erfolg und absoluter Mißerfolg dicht beieinander. Doch die positiven Aspekte bei der Berechnung der amerikanischen Filmschauspielerin verdrängen die negativen Einflüsse. Grace Kelly kommt aus einer wohlhabenden Familie, und ihre künstlerischen Erfolge sicherten ein materiell sorgenfreies Leben.

Untersuchen wir nun ihre Persönlichkeitszahl als Fürstin Gracia Patricia Grimaldi von Monaco, so kommen wir zu folgendem Ergebnis:

G = 3	Die Quersumme von 64 ist: 6 + 4 =
r = 2	10, 10 = 1 + 0 = 1. Die Fürstin er-
c = 3	scheint in ihrem Auftreten und ihren
P = 8	Entscheidungen als zielstrebige Persön-
t = 4	lichkeit von starkem Charakter. Selbst-
r = 2	vertrauend und selbstbewußt kommt
c = 3	sie ihren Repräsentationspflichten nach.
G = 3	Ihre Anpassungsfähigkeit läßt alle mög-
r = 2	lichen auftretenden Schwierigkeiten
m = 4	verhältnismäßig schnell überwinden.
l = 3	Alles Entmutigende wird als hindernd
d = 4	rasch aus dem Weg geräumt, wobei
v = 6	Energie und Tatkraft eine wesentliche
n = 5	Rolle spielen. Die Energie des wollen-
M = 4	den Geistes macht manchmal Unmög-
n = 5	liches möglich. Im positiven Fall — wie
c = 3	hier — macht die Eins freundlich und
‾‾64	mitfühlend. Fürstin Gracia Patricia ist

Organisatorin und Schirmherrin zahlreicher Wohltätigkeitsveranstaltungen.

Zu einem anderen Ergebnis kommen wir bei der Berechnung der Persönlichkeitszahl im Kaisernamen Neros:

N = 5	Die 7 zeigt sich hier in ihrer negativen
R = 2	Ausdeutung als „böse 7" und führt zu
‾‾7	Zerstörungssucht, Egoismus und Fana-

tismus. Neros unersättliche Machtgier

und Rücksichtslosigkeit führten dazu, daß er jeden Menschen, der ihm unbequem war, einfach
umbringen ließ. So ermordete er seinen Halbbruder Britannicus, er ließ seine Mutter Agrippina
vergiften und seine unglückliche Gemahlin Octa-
via beseitigen.

Sieben ist auch die Zahl der Philosophen und
Mystiker. Nero wurde von dem Philosophen
Seneca erzogen. Anfangs berechtigte der junge
Herrscher auch zu den schönsten Hoffnungen
— bis die dunkle Seite seines Charakters zum
Ausbruch kam. Die negative Seite der Sieben
zeigt einen Hang zum Düsteren und Ausgefallenen. Dazu kommt eine Neigung zum Traum-
haften. Dieser starke Einfluß endete schließlich
im Größenwahnsinn.

Daß diese verhängnisvolle Veranlagung ihm
praktisch mit in die Wiege gelegt worden ist,
zeigt auch die Persönlichkeitszahl seines Geburtsnamens Lucius Domitius Ahenobarbus:

L = 3	Die Quersumme von 43 lautet: 4 +
c = 3	3 = 7 und entspricht also der Persön-
s = 3	lichkeitszahl seines Kaisernamens. Der
D = 4	Mensch selbst ist sich immer treu ge-
m = 4	blieben und hat sich durch das hohe
t = 4	Amt nicht geändert.
s = 3	Wie vorbestimmt dieser Charakter
h = 5	war, ersieht man aus dem Vergleich der
n = 5	bisher errechneten Daten. Die Zahlen
b = 2	des Geburtsnamens und des Kaiser-
r = 2	namens lauten übereinstimmend 1. Die
b = 2	bestimmende Charakterzahl lautet
s = 3	ebenfalls 1. Aber auch die Herzzahl
43	

seines Geburtsnamens ist gleichlautend mit der Herzzahl seines Kaisernamens, nämlich 3. Obwohl die Zahlen 1, 3 und 7 stark und männlich sind, erweisen sie sich in diesem Fall in ihrer konstanten Häufigkeit als wenig glücklich. So mag es schließlich nicht verwundern, daß Neros üble Konstellationen sich am Ende gegen ihn selbst kehrten. Die Truppen in Spanien und Gallien fielen von ihm ab. Die Prätorianer wählten Galba zum neuen Kaiser. Der vom römischen Senat geächtete Nero floh aus Rom; doch dadurch konnte er seinem Schicksal nicht entgehen. Er starb durch Selbstmord.

GEBURTSZAHL
DIE KOSMISCHEN EINFLÜSSE

on besonderer Bedeutung bei der numerologischen Beurteilung eines Menschen ist sein Geburtsdatum, das die kosmischen Einflüsse zur Zeit seiner Geburt widerspiegelt. Die Sternstunden bei der Geburt eines Menschen bescheren ihm eine gewisse Mitgift, die ihn für das ganze Leben prägt. In dieser Hinsicht unterscheidet sich die Zahlenmagie nicht von den Vorstellungen der Astrologie, welche den Menschen und sein Schicksal unter dem Einfluß der zwölf Tierkreiszeichen sieht und berechnet.

Manche Numerologen errechnen die Geburtszahl eines Menschen, indem sie Geburtstag, -monat und -jahr addieren und dann die Quersumme bilden. Auf diese Weise erhält man eine einzige Geburtszahl, die man zu deuten hat. Im Fall von Grace Kelly errechnen wir:

12. November 1929
$12 + 11 + 1 + 9 + 2 + 9 = 44$
$44 = 4 + 4 = 8$

Diese moderne Art der Berechnung der Geburtszahl ist aber keineswegs dazu geeignet, alle kosmischen Einflüsse zu beurteilen, denn nach alter zahlenmagischer Vorstellung haben Geburtstag, -monat und -jahr verschiedene Bedeutung.

So deutet der Geburtstag das Persönliche an, der Geburtsmonat sagt etwas über das allgemeine Wesen aus, während sich durch das Geburtsjahr und die anderen Jahreszahlen das zukünftige Schicksal errechnen läßt. Danach ergibt sich für Grace Kelly, der Fürstin Gracia Patricia Grimaldi von Monaco:

$12 = 1 + 2 = 3$ als Geburtstagszahl. Diese entspricht harmonisch der Charakterzahl ihres Geburtsnamens (viermal die 3), die Ehrgeiz, Phantasie und Vielseitigkeit verheißt.

Der Geburtsmonat 11 wiederum korrespondiert in harmonischer Weise mit ihrer gleichlautenden Herzzahl. Allgemein zeigt sich hier die Veranlagung zu hohem Künstlertum, aber auch der spätere, durch ihre Heirat bedingte Verzicht auf ihren Beruf. Das Frauliche und die charmante Wesensart deutet sich durch die Quersumme $1 + 1 = 2$ an.

Die Digitalwurzel des Geburtsjahres $1929 = 1 + 9 + 2 + 9 = 21 = 2 + 1 = 3$ deutet auf eine hochtalentierte Persönlichkeit im Bereich der Kunst. Glück und Erfolg scheinen den von der Drei beeinflußten Menschen wie von selbst zuzufallen.

Aber selbst wenn wir die gesamte Geburtszahl 8 betrachten, so ergibt sich ein harmonischer Einklang mit der Persönlichkeitszahl von Grace Kelly, welche Glück und materiellen Erfolg verheißt.

Durch eine besondere Zahlenoperation können wir die bedeutenden Schicksalsjahre der zu berechnenden Person voraussagen. Das geschieht dadurch, daß wir zu ihrer Geburtsjahreszahl die errechnete Quersumme addieren. Am Beispiel von Grace Kelly errechnen wir: $1929 + 21 = 1950$. Tatsächlich war dieses Jahr für sie von beson-

derer Bedeutung, denn nach ihrer Theateraus-
bildung von 1947 bis 1949 erhielt sie 1950 ihren
ersten großen Vertrag für den Film *Vierzehn
Stunden,* der 1951 gedreht wurde. Addiert man
zu diesem Schicksalsjahr 1950 die Symbolzahl
der Liebe, nämlich 6, so erhält man eine weitere
schicksalsträchtige Jahreszahl, denn $1950 + 6 =
1956$. Grace Kelly heiratete am 19. 4. 1956 den
Fürsten Rainier III. Grimaldi von Monaco. Ihr
Heiratsname Gracia Patricia Grimaldi von
Monaco läßt sich ebenfalls auf die Zahl 6 zurückführen, wie wir bereits errechnet haben.

Ein weiteres Schicksalsjahr läßt sich bestimmen, wenn wir zu dem zuerst errechneten
Schicksalsjahr 1950 wieder die Quersumme hin-
zufügen: $1950 + 15 = 1965$. Nach ihren Kindern Caroline, geb. am 24. 1. 1957, und Albert,
geb. am 14. 3. 1958, kam das letzte Kind Stephanie am 1. 2. 1965 zur Welt. Warum gerade
dieses Datum besonders schicksalhaft für Gracia
Patricia sein soll, wird wahrscheinlich noch die
Zukunft zeigen. Vielleicht hängt es mit dem
nächstfolgenden bedeutenden Schicksalsjahr zusammen, das wir für das Jahr 1986 berechnen,
denn 1965 addiert mit der Quersumme dieser
Jahreszahl ergibt: $1965 + 21 = 1986$.

Ob dieses Jahr Glück oder Unglück verheißt,
läßt sich ebenfalls rechnerisch ermitteln, indem
wir Geburtstag und Geburtsmonat mit dem betreffenden Schicksalsjahr addieren und daraus
die Digitalwurzel ermitteln. Die Rechnung lautet
also: $12. 11. 1986 = 12 + 11 + 1 + 9 + 8 + 6
= 47 = 4 + 7 = 11$. Numerologisch gesehen ist
11 eine sehr bedeutsame Zahl, die auf eine

höhere Erlebnissphäre hinweist. Sie ist die Zahl der Offenbarung und des Märtyrertums. Schon einmal wurde diese Zahl für Grace Kelly schicksalsbestimmend, indem sie auf ihre künstlerische Karriere zugunsten ihrer Liebe verzichtete. Es ist nicht ausgeschlossen, daß ihr das Jahr 1986 wieder einen Verzicht auferlegt. Dieser kann verschiedener Art sein. Wenn er im Zusammenhang mit ihrer Tochter Stephanie steht, dann könnte er eine nicht genehme oder nicht standesgemäße Heirat der jüngsten Tochter, die im Jahr 1986 einundzwanzig Jahre alt sein wird, bedeuten. Die Digitalwurzel aus $11 = 1 + 1 = 2$ scheint diese Voraussage zu bestätigen, denn die 2 ist die Zahl des ewig Weiblichen und der Mutterschaft.

In der Zahlenmagie bewegt sich die Zeit in einer endlosen Wiederkehr zwischen den Zahlen 1 und 9. Wollen wir die Zukunft eines Menschen genauer bestimmen, so errechnen wir die betreffenden Schicksalszahlen, indem wir zu den Geburtstags- und -monatsdaten die jeweilige Jahreszahl addieren und aus der Summe die Digitalwurzel ermitteln. So errechnen wir für die Fürstin Gracia Patricia in den kommenden Jahren folgende Zahlenreihe:

12. 11. $1976 = 12 + 11 + 1 + 9 + 7 + 6 = 46 = 4 + 6 = 10 = 1 + 0 = 1$. Da mit jedem weiteren Jahr die Schicksalszahl jeweils um 1 wächst, so ergibt sich

$1976 = 1 — 1977 = 2 — 1978 = 3 — 1979 = 4 — 1980 = 5 — 1981 = 6 — 1982 = 7 — 1983 = 8 — 1984 = 9 — 1985 = 1 — 1986 = 2$ usw.

Jedes Jahr steht also unter dem Einfluß einer bestimmten Zahl. Wir lassen eine kurze Charakteristik dieser Jahresschicksalszahlen folgen.

Jahre unter dem Einfluß der Schicksalszahlen

1 zeigt kämpferische und voranstürmende Kräfte in der Welt. Rücksichtsloses Vorgehen läßt keine Kompromisse schließen oder Zugeständnisse machen. Jahre, die unter dem Einfluß der 1 stehen, bringen Aufstände und Revolutionen, wobei oft neue Länder und Machtblöcke entstehen, aber auch neue politische, soziale und naturwissenschaftliche Theorien entwickelt werden.

2 bringt nach der aufregenden Zeit der 1 eine leidende Phase. Passivität, Empfänglichkeit und Schwäche herrschen vor. Dennoch besteht die Bereitschaft zur Versöhnung mit sich und der Welt, wenn man geschickt sich zu bescheiden weiß und die augenblickliche Krisensituation diplomatisch meistert. Gewalt trägt hier nicht zur Problemlösung bei.

3 hat viele glänzende Aspekte. Man schließt neue Freundschaften, sucht Geselligkeit und findet zahlreiche Möglichkeiten, sich auf angenehme Weise zu zerstreuen. Auch die finanzielle Seite scheint keine Sorgen zu bereiten, und jede künstlerische Tätigkeit führt zum Erfolg. Falls Gracia Patricia jemals die Absicht haben sollte, wieder einmal zu filmen, so sollte sie es in dem Jahr beginnen, das unter dem Einfluß der 3 steht. Der amerikanische Numerologe V.

Lopez meint dazu: „Jetzt ist die Zeit, ein Buch zu schreiben, oder einen Schlager zu komponieren."

4 hat weniger günstige Aspekte, besonders in wirtschaftlicher Hinsicht, denn 4 ist die Zahl der Dunkelheit und der Niederlage. Doch manches Unglück läßt sich vermeiden, wenn man gewarnt ist und sehr vorsichtig handelt. Auf jeden Fall sollte man keine spontanen Entschlüsse fassen und alles sorgfältig überdenken, bevor man sich entscheidet.

5 bringt einige Aufregungen, abenteuerliche Unternehmungen und Risiken mit sich. Anstrengende Reisen werden unternommen. Jahre, die unter dem Einfluß der 5 stehen, zehren an den Nerven und sind meist instabil. Viele neue Bekanntschaften und zahlreiche Abwechslungen ändern nichts an der Tatsache, daß man das Dasein als anstrengend empfindet.

6 führt aber wieder zu einer ausgewogenen und friedlichen Lebensweise zurück. Man findet das Glück in der eigenen Häuslichkeit, denn 6 ist die Zahl der Harmonie.

7 zeigt sich nicht besonders günstig, denn in diesen Jahren fühlt sich der Mensch einsam, isoliert und verlassen. Die vertraute Umgebung und die gewohnte Lebensweise scheinen nicht mehr Schutz und Sicherheit zu bieten. Da 7 auch die Zahl des Geheimnisses ist, können sich in den so beeinflußten Jahren auch heimliche Liebesaffären anbahnen. Die Zeit ist günstig, sich geistigen

Dingen zuzuwenden, ernster Lektüre und ruhiger Betrachtung. Menschliche Enttäuschungen dürfen aber nicht in Pessimismus enden.

8 zeigt sich doppeldeutig, denn Erfolg und Mißerfolg liegen nahe beieinander. Vorsicht also in allen finanziellen Angelegenheiten! Doch auch hier können logische Überlegungen, Zähigkeit und praktisches Denken zum Erfolg führen, wenn man nur will. Ob die Zahl eher positiv oder eher negativ auszudeuten ist, hängt von den übrigen Schicksalszahlen ab, die berechnet worden sind.

9 weist auf das Erreichen eines hohen Zieles hin. Dinge, die jetzt begonnen werden, stehen unter günstigen Voraussetzungen. Man wird Erfolg haben und schnell bei anderen Menschen Anerkennung finden. Dennoch sollte man sich nicht zu leicht beeinflussen lassen, sondern wichtige Entscheidungen nach eigener Intuition treffen.

Die Uhrzeit der Geburt

Ist neben dem Geburtsdatum auch noch die genaue Uhrzeit der Geburt bekannt, so kann man diese selbstverständlich in das numerologische Charakterogramm mit einbeziehen. Ist zum Beispiel die zu berechnende Person um 12.35 Uhr geboren, so rechnet man: $12 + 35 = 47 = 4 + 7 = 11$. Die Zahl für sich betrachtet hat wenig Bedeutung und soll immer im Zusammenhang mit den übrigen Geburtszahlen gesehen werden. Ist dabei eine Übereinstimmung oder Ergänzung festzustellen, so ist diese natürlich ebenso zu berücksichtigen wie in dem Fall, wenn sich keine harmonische Ergänzung ablesen läßt.

Günstig ist in jedem Fall eine harmonische Übereinstimmung zwischen Geburtstags- und Namenszahl. Die Namenszahl von Grace Kelly lautet 1, die Zahl ihres Ehenamens ist 6, ihre Geburtstagszahl ist 12 ($1 + 2 = 3$), denn sie ist am 12. November geboren. Eine besonders günstige Zahlenfolge ist: $1 - 3 - 6 - 9 - 12$ etc. Bei Grace Kelly, der Fürstin Gracia Patricia von Monaco, korrespondieren also 1, 6 und 12 in hervorragender Weise miteinander.

Folgender Zahlenschlüssel gibt an, welche Namenszahlen mit den entsprechenden Geburtstagszahlen besonders günstig verbunden sind:

Namenszahl	Günstige Geburtstagszahlen
1	1., 10., 19., 28.
2	2., 11., 20., 29.
3	3., 12., 21., 30.
4	4., 13., 22., 31.
5	5., 14., 23.
6	6., 15., 24.
7	7., 16., 25.
8	8., 17., 26.
9	9., 18., 27.

Von negativem Einfluß sind die Zahlen 4 und 8, wenn sie zusammen als Geburtstags- und Namenszahl oder umgekehrt erscheinen. Wenn eine solche Konstellation zusammentreffen sollte, dann ist anzuraten, den, Namen abzuändern. Vielleicht erzielt man ein günstigeres Ergebnis, wenn man anstatt des Taufnamens einen Rufnamen, z. B. Berni für Bernd, Eddy für Erich oder Eduard, Freddy für Fritz usw. annimmt.

Besitzt die Person einen zweiten Taufnamen, so ist vielleicht zu erwägen, ob dieser künftig an erster Stelle geführt werden sollte. Eltern sollten bei der Namenswahl ihres Kindes darauf achten und versuchen, Geburtstags- und Namenszahl miteinander zu vergleichen und abzustimmen.

Kaiser Nero wurde am 15. 12. 37 n. Chr. als Sohn des Gnäus Domitius Ahenobarbus und der jüngeren Agrippina, einer Tochter des Germanicus, geboren. Seine Geburtstagszahl $15 = 1 + 5 = 6$ korrespondiert zwar mit seiner Namenszahl 1 (sowohl des Geburts-, als auch des Kaisernamens), doch überwiegen auch hier wieder die negativen Einflüsse. Sein Hang zur Selbstgefälligkeit wird hier deutlich wie auch die Veranlagung zum Eigensinn, zur Klatschsucht und zur Selbstüberschätzung.

Die Geburtsmonatszahl lautet $12 = 1 + 2 = 3$. Sie entspricht der Herzzahl sowohl eines Geburts- als auch seines Kaisernamens. Die Quersumme seines Geburtsjahres ergibt $37 = 3 + 7 = 10 = 1 + 0 = 1$, entsprechend seiner Geburtsnamens- und Kaisernamenszahl sowie seiner Charakterzahl. Dieses Beispiel zeigt sehr deutlich, daß, wie es die indische Karmalehre postuliert, der Mensch selbst sein Schicksal ist und seine Fähigkeiten sowohl zur positiven wie auch zur negativen Seite hin ausbilden kann.

Untersuchen wir die wichtigsten Schicksalsjahre im Leben von Kaiser Nero und addieren zu der Zahl seines Geburtsjahres die Quersumme, so erhalten wir: $37 + 10 = 47$, das Todesjahr seines Vaters. Seine Mutter heiratete

im Jahr 49 den Kaiser Claudius, den sie fünf
Jahre später vergiften ließ. Das nächste Schicksalsjahr für Nero war: 47 + 11 = 58. In diesem
Jahr kam Armenien unter römische Oberhoheit,
und Neros Lehrer Seneca schrieb seine philosophische Abhandlung *Über das glückliche
Leben*. Nero veranlaßte Senecas Tod im Jahr
65 n. Chr.

Errechnen wir einige weitere wichtige Daten
Kaiser Neros, so läßt sich folgende Übersicht
aufstellen:

Geburts- datum		Schicksals- jahr		Schicksals- zahl	Ereignisse
15 + 12	+	54	=	9	Erhebung zum Kaiser
15 + 12	+	55	=	1	Nero läßt Britannicus ermorden
15 + 12	+	59	=	5	Nero läßt seine Mutter ermorden
15 + 12	+	62	=	8	Nero läßt seine Frau ermorden
15 + 12	+	68	=	5	Nero läßt sich erstechen

Als Nero im Jahr 54 zum Kaiser erhoben
wurde, stand für ihn dieses Jahr unter der
Schicksalszahl 9. Nero erreichte sein Ziel und

wurde römischer Kaiser, nachdem seine Mutter seinen Stiefvater, den Kaiser Tiberius Claudius Cäsar Augustus Germanicus, vergiftet hatte.

Als Neros Mutter ihm damit drohte, seinen Stiefbruder Britannicus zum Kaiser ausrufen zu lassen, weil sie Neros Liebschaft mit einer Freigelassenen mißbilligte, ließ Nero den Britannicus vergiften. Das geschah im Jahr 55 unter dem Einfluß der Schicksalszahl 1, welche rücksichtsloses Vorgehen verheißen hat.

Im Jahr 59 (Schicksalszahl 5) ließ Nero seine Mutter vergiften, weil er sich vor ihr fürchtete und glaubte, ihr zuvorkommen zu müssen. Sein Todesjahr steht ebenfalls unter dem Einfluß der Zahl 5. Als er im Jahr 68 vom römischen Senat geächtet wurde, floh er auf sein Landgut. Als die Häscher sich näherten, ließ er sich von einem Getreuen erstechen.

Die Bedeutung der Geburtstagszahlen

1 Die Einer sind meist schöpferische Menschen und von gewisser Originalität. Zäh und voll Durchsetzungskraft bezeichnet man sie oft als eigenwillige Menschen. Mit Ausdauer und starkem Willen gelingt es ihnen meist, ein einmal ins Auge gefaßtes Ziel auch zu erreichen. Mit Ehrgeiz, Strebsamkeit, Mut und Tatkraft ausgerüstet, erreichen die Einer meist führende berufliche Stellungen.

2 Zweier sind von sanfter und zartfühlender Natur. Ihre lebhafte Phantasie macht sie künstlerisch begabt. Obwohl idealistisch und romantisch veranlagt, fehlen ihnen auch nicht der Sinn und die Begabung für technische

und naturwissenschaftliche Probleme. Allerdings sind die Zweier körperlich weniger
widerstandsfähig als die Einer. Gelegentlich
können sie überempfindlich reagieren. Der
Mangel an Ausdauer und Beharrlichkeit
kann sich negativ auswirken.

3 Dreier sind ehrgeizig und geben sich auf die
Dauer nicht mit untergeordneten Positionen
zufrieden. Haben sie aber einmal eine gewisse leitende Stellung eingenommen, so
führen sie auch alle auferlegten Pflichten
willig aus, hören auf ihren obersten Vor-
gesetzten und können ihre Untergebenen
geschickt leiten. Nach der Devise „Selbst
ist der Mann!" verstehen es die Dreier, sich
aus ungünstigeren Verhältnissen emporzuarbeiten. Werden ihre Fähigkeiten nicht
richtig erkannt, so werden sie leicht unzu-
frieden, können hochmütig und herrschsüchtig werden, wobei sie keinen Streit und
keine Auseinandersetzung scheuen.

4 Vierer sind meist sehr eigenwillige Menschen. Bei ihnen darf man sich nicht wun-
dern, wenn ihre Meinung der allgemeinen
Ansicht widerspricht. Vierer sind geborene
Revolutionäre, sowohl im positiven Sinn als
Reformatoren auf religiösen, geistes- und
naturwissenschaftlichen Gebieten als auch
in negativer Hinsicht als Anarchisten. „Indi-
vidualismus" ist für sie nicht nur ein Wort,
sondern eine Weltanschauung und ein Pro-
gramm. Auf künstlerischem Gebiet kann das
günstige Voraussetzungen schaffen. Im allgemeinen gelten Vierer als grüblerisch und

sind problematische Menschen, die oft ihre
unglückliche Veranlagung hinter gewollt
witzigen Bemerkungen zu verbergen suchen.

5 Fünfer sind vielseitig, beweglich und intelligent, gute Verkäufer und Kaufleute, aber
gelegentlich auch Spekulanten und Glücksspieler, die alles auf eine Karte setzen.
Gute Menschenkenntnis hilft ihnen bei allen
Unternehmungen. Ihre Schlagfertigkeit ist
geradezu sprichwörtlich. Impulsiv und lebhaft verstehen sie es ausgezeichnet, ihre
Vorstellungen und Ideen, auch wenn sie
manchmal ungewöhnlich sind, mit Profit
zu verkaufen. Fünfer sind kontaktfreudig,
schließen leicht Bekanntschaften und haben
viele Freunde, sind gesellig und tolerant.
Allerdings fehlt ihnen manchmal die not-
wendige Ausdauer, um wirklich Bedeuten-
des zu leisten. Sie verstehen von allem
etwas, doch nichts kann sie wirklich fesseln.
Zwar sind sie leicht reizbar, doch ihr Zorn
ist ebenso schnell wieder verflogen. Das ist
sehr positiv zu werten, denn Fünfer sind im
allgemeinen nicht nachtragend.

6 Sechser haben oft außergewöhnliche Aus-
strahlungskräfte. Es sind angenehme und
anziehende Menschen, deren Nähe man
gern sucht und auf deren Ratschläge man
nicht verzichten will. Ihr Leben wird durch
die große Liebesbereitschaft bestimmt, sowohl in erotischer als auch in geistig-seeli-
scher Hinsicht oder sozialen Bereichen.
Diese an sich sehr positive Anlage kann
aber dazu führen, daß Sechser sehr leicht in

sexuelle und geistige Abhängigkeitsverhält-
nisse geraten, aus denen sie nur schwer wieder aus eigener Kraft herausfinden können.
Sechser sind bereit, alle Unannehmlichkeiten
und Opfer für ihre Familie zu bringen und
bestrebt, eine mütterlich-fürsorgliche Atmo-
sphäre um sich zu verbreiten. Gewisse
romantische und schwärmerische Vorstellungen und Züge werden bei den Sechsern
häufig beobachtet. Eine gepflegte Häuslichkeit und Gemütlichkeit geht ihnen über
alles. Nicht selten ist eine künstlerische Begabung anzutreffen. Auf der einen Seite gesellig und großzügig, kann sich der Charakter aber auch in negativer Hinsicht zur
Verschwendungssucht und Prahlerei ausbilden. Vorsicht vor der Neigung, Intrigen zu
spinnen oder in übertriebene Eifersucht zu
verfallen.

7 Siebener lieben die Abwechslung und das
Abenteuer, reisen gern und sind ausgespro-
chene Entdeckernaturen. Besonders reizt sie
das Geheimnisvolle, das sie um jeden Preis
entschleiern wollen. Es sind meist sehr kul-
tivierte Menschen, denen die geistige Sinnes-
lust mehr bedeutet als körperliche Bequem-
lichkeit. Der Erlebnishunger ist praktisch
unstillbar. Obwohl die Geselligkeit suchend,
ist der Siebener im Grund seines Herzens
ein Einzelgänger von ausgeprägten Eigenarten, der seine einmal gefaßte Meinung
energisch zu verteidigen weiß — auch gegen
erhebliche Widerstände. Weniger kaufmän-
nisch veranlagt, sind die Siebener mehr für

künstlerische und wissenschaftliche Berufe
geeignet. Intuition spielt dabei eine wichtige
Rolle. Religion, Philosophie und Mystik
fesseln die der Sieben unterstellten Persönlichkeiten in besonderem Maß. Der Siebener ist großzügig, nie aber leichtfertig.

8 Achter sind nur richtig zu beurteilen, wenn
man ihre übrigen Schicksalszahlen in die
Überlegungen einbezieht. Sieg und Niederlagen liegen dicht beieinander. Ob mehr
positive oder negative Einflüsse wirksam
werden, muß in der Gesamtbeurteilung entschieden werden. In jedem Fall haben es die
Achter in ihrem Leben nicht leicht. Wenn
sie auch einem außergewöhnlich harten
Schicksal entgehen können, so ist ihr Le-
bensweg immer von schwerer Arbeit ge-
kennzeichnet, auch wenn am Ende Ruhm
und Ehre winken. Oft verkannt, offenbaren
die Achter nur selten ihre wirklichen Ge-
fühle. Das Leben kann sie hart und kompro-
mißlos machen. Nicht selten finden wir
unter ihnen Fanatiker auf religiösem Gebiet.
Selten bei ihren Mitmenschen beliebt, von
Verfolgungen und Anfeindungen nicht
sicher, leiden die Achter unter ihrer Veranlagung und ziehen sich schnell in sich selbst
zurück. Im Grund ist der Achter aber weder
gemütsarm noch gefühlskalt. Selbstbeherr-
schung, Mut und Genügsamkeit zeichnen
diese Menschen aus. Sehr ungünstig ist es,
wenn zu der Acht sich die Vier gesellt
(z. B. durch die Namenszahl).

9 Neuner sind tapfer, anständig und ausge-
sprochene Kämpfernaturen. Im negativen
Fall können sie gewaltsam oder auch hinter-
hältig sein. Die Jugend der Neuner verläuft
selten ohne Schwierigkeiten, welche auf
ihren übergroßen Eifer zurückzuführen sind.
Anderseits reifen die Neuner früh an ihren
Erlebnissen und sammeln wertvolle Erfahrungen, aus denen sie schnell lernen. Starker
Wille und Durchsetzungsvermögen lassen
die Neuner beruflich erfolgreich werden.
Neigungen zu Jähzorn und Leichtsinn sollten überwunden werden. Neuner verlieben
sich leicht und heftig. Ihren Charme wissen
sie geschickt einzusetzen. Neuner sind im
allgemeinen idealistisch und bestrebt, der
menschlichen Gesellschaft zu dienen.

GÜNSTIGE STÄDTE UND STRASSEN

 tädte können zum Lebensschicksal eines Menschen werden. Oft ist berufliches und persönliches Glück davon abhängig, in welcher Stadt man lebt und arbeitet. Innerhalb einer Stadt wiederum kann es eine besondere Straße geben, die sehr günstig ist. Wie bei Städten und Straßen, so können auch Vororte, Dörfer, Haus-, Hof- und Gemarkebezeichnungen in Zahlen umgesetzt werden. Die Umrechnung erfolgt wiederum nach unserem Zahlenschlüssel.

Die folgende Tabelle zeigt, welche Städte welchen Namens- oder Geburtstagszahlen zugeordnet werden können. Dazu ein Beispiel:

Heinrich Müller, geb. am 19. 6. 1941 in Bonn, kann sich nicht entscheiden, ob er nach Saarbrücken oder Wien ziehen soll. Günstige Angebote liegen von zwei Firmen aus den betreffenden Städten vor. Dabei ergibt sich für Heinrich Müller folgende Entscheidungshilfe:

H e i n r i c h   M u e l l e r
5+5+1+5+2+1+3+5 + 4+6+5+3+ 3+5+2 = 55 =
5+5 = 10

* 19. 9. 1941 in B o n n
= 1+9 = 10   2+7+5+5 = 19 = 1+9 = 10

S a a r b r u e c k e n
3+1+1+2+2+2+6 +5+3+2+5+5 = 37= 3+7 = 10

W i e n
6+1+5+5 = 17 = 1+7 = 8

Heinrich Müller mit der Namens- und Geburtstagszahl 1 ist in einer Stadt geboren, welche sich auf die Zahl 1 reduzieren läßt. Eine dementsprechende günstige Voraussetzung bietet Saarbrücken (1) im Gegensatz zu Wien (8). Deshalb wird Herr Müller gut daran tun, sich für Saarbrücken zu entscheiden.

Namens- oder Geburts- zahl	Besonders günstige Ortschaften	Weitere günstige Orts- zahlen
1	Bonn, Goslar, Lüneburg, New York, Oldenburg, Saarbrücken, Weimar	2, 4, 7
2	Aachen, Athen, Frankfurt, Freiburg, Innsbruck, Karlsruhe, Kiel, München, Zürich	1, 4, 7
3	Essen, Genf, Magdeburg, Nürnberg, Reutlingen	6, 9
4	Fulda, Graz, Köln, London, Stuttgart, Ulm, Washington, Worms	1, 2, 7
5	Basel, Bern, Bremen, Hamburg, Trier, Wiesbaden	1, 3, 7
6	Braunschweig, Budapest, Freudenstadt, Glücksburg, Paris, Wolfsburg	3, 9
7	Baden-Baden, Hollywood, Konstanz, Linz, Neuenahr, Remagen, Wuppertal	1, 2, 4
8	Augsburg, Heidelberg, Kassel, Lübeck, München, Offenbach, Unna, Wien	1, 3, 5, 6, 9
9	Berlin, Bielefeld, Dortmund, Düsseldorf,	3, 6

9 (Forts.) Hannover, Osnabrück,
Regensburg, Salzburg,
Tübingen

Auf die gleiche Weise kann man feststellen, welche Straßen innerhalb der betreffenden Städte mit der Namens- und (oder) der Geburtstagszahl harmonieren. Diese Überlegungen sollten vor allem bei einem Häuserkauf eine Rolle spielen.

Grace Kelly wurde in Philadelphia geboren und heiratete nach Monaco:

P h i l a d e l p h i a
8+5+1+3+1+4+5+3+8+5+1+1
$= 45 = 4 + 5 = 9$

M o n a c o
4+7+5+1+3+7
$= 27 = 2 + 7 = 9$

Beide Städte lassen sich also auf die Zahl 9 reduzieren. Wie wir bereits ausgeführt haben, ist die Zahlenreihe 1 — 3 — 6 — 9 — 12 eine besonders günstige. Die Namenszahl von Grace Kelly ist 1, ihre Geburtstagszahl 3 (am 12. geboren) und die Zahl ihres Heiratsnamens ist 6 (Liebe). Es sind also durchaus positive Übereinstimmungen an diesem Beispielsfall abzulesen.

Kaiser Nero dagegen wurde in Antium geboren und regierte in Rom:

A n t i u m   R o m
1+5+4+1+6+4 = 21 = 2+1   = 3   2+7+4 = 13 = 1+3 = 4

Die 3 als Zahl seines Geburtsortes harmoniert sowohl mit den Namenszahlen (Geburts- und Kaisername = 1) als auch mit der Geburtstagszahl (15 = 1 + 5 = 6), nicht aber mit der Schicksalszahl 4, auf welche sich Rom zurückführen läßt. Diese 4 als Zahl der Dunkelheit und

Niederlage in Verbindung mit den negativen übrigen Zahlenauswertungen bei Kaiser Nero ist typisch für sein Ende.

Persönliches Glück im privaten Bereich und beruflicher Erfolg müssen nicht immer innerhalb einer Stadt zu suchen sein. So ist es zum Beispiel möglich, daß ein Mensch mit der Namenszahl 3 in einer Stadt erfolgreich arbeitet, welche sich auf die Zahl 3 zurückführen läßt, während er sein privates Familienglück in einer Stadt finden kann, deren Zahl 6 (Liebe) ist. Oft genug ist es ja heute so, daß Wohn- und Berufsort nicht miteinander identisch sind.

Die Herzzahl einer Stadt

Will man etwas über den Charakter oder das allgemeine Schicksal einer Stadt erfahren, so berechnet man ihre Herzzahl, d. h. man addiert alle Vokale, die in dem Namen vorkommen, und führt sie auf ihre Digitalwurzel zurück.

Bei Paris (a = 1, i = 1; 1 + 1 = 2) ergibt sich passenderweise die Zahl 2. Paris gilt als die Stadt des Lasters und der Frauen.

5 ist die Herzzahl von London (2 × o = 7; 7 + 7 = 14 = 1 + 4 = 5), der Weltstadt voller Leben und Geschäftigkeit.

Der amerikanische Numerologe Montrose ist der Ansicht, daß die Stadt Oakland eines Tages ein ähnliches Schadenfeuer erleben wird wie Chicago, denn beider Herzzahl ist 9. Wir glauben allerdings, daß dieser Analogieschluß zu weit führt und beschränken uns deshalb auf die Zuordnung der einzelnen Städte zu den betreffenden Namens- und Geburtstagszahlen.

GLÜCKSTAGE UND GLÜCKSZAHLEN

it der Geburtstagszahl eines Menschen sind auch die entsprechenden Glückstage und Glückszahlen verbunden. Besonders günstig ist es natürlich, wenn Namenszahl und Geburtstagszahl harmonieren oder gar gleichlauten.

Geburtstagszahl	Glückstage eines jeden Monats	Glückszahlen
1	1., 10., 19., 28.	1, 10, 19, 28, 37, 46, 55, 64, 73, 82, 91, 100
2	2., 11., 20., 29.	2, 11, 20, 29, 38, 47, 56, 65, 74, 83, 92, 101
3	3., 12., 21., 30.	3, 12, 21, 30, 39, 48, 57, 66, 75, 84, 93, 102
4	4., 13., 22., 31.	4, 13, 22, 31, 40, 49, 58, 67, 76, 85, 94, 103
5	5., 14., 23.	5, 14, 23, 32, 41, 50, 59, 68, 77, 86, 95, 104
6	6., 15., 24.	6, 15, 24, 33, 42, 51, 60, 69, 78, 87, 96, 105
7	7., 16., 25.	7, 16, 25, 34, 43, 52, 61, 70, 79, 88, 97, 106
8	8., 17., 26.	8, 17, 26, 35, 44, 53, 62, 71, 80, 89, 98, 107
9	9., 18., 27.	9, 18, 27, 36, 45, 54, 63, 72, 81, 90, 99, 108

Besonders günstig sind die Tage, die innerhalb des eigenen Tierkreiszeichens fallen. Ein Schütze-Geborener (23. November bis 21. Dezember) mit der Geburtstagszahl 1 sollte möglichst alle wichtigen Entscheidungen entsprechend auf den 28. November, den 1., 10. oder 19. Dezember legen.

Einen weiteren Glückstag kann man durch folgende Berechnung ermitteln. Heinrich Müller (Namenszahl 1), geboren am 19. Sept. 1941 (Geburtstagszahl $19 = 1 + 9 = 10 = 1 + 0 = 1$), will eine wichtige Entscheidung am 8. eines Monats treffen. Ob dieser Tag günstig oder ungünstig ist, das kann er leicht berechnen: Namenszahl + Geburtstagszahl + Entscheidungstag = Schicksalstag, in unserem Fall: $1 + 1 + 8 = 10 = 1 + 0 = 1$. Der 8. des Monats ist also günstig, denn die Zahl dieses Schicksalstages ist gleichlautend mit seiner Namens- und Geburtstagszahl. Will Herr Müller an diesem Tag beim Pferderennen wetten, in der Lotterie oder im Roulette spielen, so sollte er die entsprechenden Glückszahlen setzen, die in der Tabelle seiner Namenszahl 1 zugeordnet sind.

Für unsere bisher ausführlich behandelten Beispielpersonen Grace Kelly und Kaiser Nero lassen sich auf diese Weise Glückstage und Glückszahlen genau ablesen.

PARTNERWAHL UND FREUNDSCHAFT

uch zu der wichtigen Frage, ob zwei
Menschen zueinander passen, gibt die
Zahlenmagie Antwort. Ob Ehebünd-
nis, Freundschaft, Arbeitsgemeinschaft
oder Teilhaberschaft — mit Hilfe von Zahlen
läßt sich sagen, wie zwei Menschen miteinander
auskommen.

Der schon erwähnte Heinrich Müller (Namenszahl 1), geboren am 19. 9. 1941 (Geburtszahl 1) hat sich entschieden, seinen neuen Arbeits-
platz nach Saarbrücken zu verlegen. Er soll dort
am 1. September (Glückstag des Monats innerhalb seines Tierkreiszeichens Jungfrau) als Teilhaber in eine neue Firma eintreten. Sein neuer
Partner heißt

H a n s   B r a u n
5+1+5+3 + 2+2+1+6+5
$= 30 = 3 + 0 = 3$

* 28. 4. 1 9 3 8
   $28+4+1+9+3+8 = 53$
   $= 5 + 3 = 8$

Die Geburtstagszahl von Hans Braun lautet
$28 = 2 + 8 = 10 = 1 + 0 = 1$ und stimmt mit
der von Heinrich Müller überein. Auch die 3
der Namenszahl von Hans Braun harmoniert
mit der Namenszahl 1 von Heinrich Müller.
Beide Charaktere sind stark und zielstrebig, wo-
durch sich sachliche Auseinandersetzungen nicht
vermeiden lassen. Heinrich Müller wird sich aber
sicher gegen Hans Braun durchsetzen können, da

der 1 stärkere Führungsqualitäten zugesprochen
werden müssen als der 3. Das gute Gedächtnis
der 1 harmoniert mit dem sprühenden Geist
der 3. Heinrich Müllers Pioniergeist, der allem
Neuen aufgeschlossen ist, ergänzt sich mit dem
glückhaften Erfolgsstreben der 3. Diese Partner-
schaft steht also unter einem Glücksstern und
Heinrich Müller wird nicht zögern, diese positiven Voraussetzungen zu nutzen.

Grace Kelly (Namenszahl 1), geb. am 12. 11.
1929 (Geburtstagszahl 3), heiratete am 19. 4.
1956 (Glückszahl 19 für die Namenszahl 1) in
Monaco

R a i n i e r III. G r i m a l d i
2+1+1+5+1+5+2 + 3 + 3+2+1+4+1+3+4+1

v o n M o n a c o   * 31. 5. 1 9 2 3
6+7+5 + 4+7+5+1+3+7   31+5+1+9+2+3

= 84 = 8 + 4 = 12   Geburtstagszahl:
= 1 + 2 = 3   3 + 1 = 4

Auch in diesem Fall ergibt sich eine harmonische Übereinstimmung der beiden Namenszahlen
1 und 3. Fürst Rainiers Geburtstagszahl 4 allerdings wirft einen Schatten auf das ungetrübte
Glück. Zwar sind Menschen mit der Geburtstagszahl 4 solide und praktisch, doch immer bedroht durch Niederlagen. Die Ehe selbst allerdings ist davon nicht betroffen, denn auch hier
ergibt sich die glückliche Folge der Zahlen 1
(Namenszahl Grace Kellys) — 3 (Namenszahl
Fürst Rainiers) — 6 (Namenszahl der Fürstin
Gracia Patricia).

So passen die Zahlentypen zueinander

Zahl	1	2	3	4	5	6	7	8	9
1	=	+	+	=	+	+	○	○	+
2	+	=	+	—	+	=	=	—	—
3	+	+	=	—	+	+	○	○	+
4	=	—	—	=	=	—	!	!	!
5	+	+	+	=	=	+	—	○	—
6	+	=	+	—	+	=	—	○	+
7	○	=	○	!	—	—	=	!	—
8	○	—	○	!	○	○	!	=	!
9	+	—	+	!	—	+	—	!	=

Zeichenerklärung:

○ = neutral, keine Beeinflussung, da keine gemeinsamen Berührungspunkte,

= = wesensverwandt, gleichartige Tendenzen, parallele Kräfte,

+ = harmonische Ergänzung, günstig, positiv,

— = disharmonische Verbindung, schlecht, negativ,

! = sehr große Spannung, überkritisch

NAMENSWECHSEL
VERÄNDERUNG DES CHARAKTERS

ie wir bereits beim Namenswechsel von Frauen, die den Namen des Mannes annehmen, gesehen haben, kann sich der Charakter eines Menschen durch diese Änderung wandeln. Ein berühmtes Beispiel aus der Geschichte ist das des französischen Kaisers Napoleon, der in jungen Jahren sich

N a p o l e o n   B u o n a p a r t e
5+1+8+7+3+5+7+5 + 2+6+7+5+1+8+1+2+4+5 = 82

$$= 8 + 2 = 10 = 1 + 0 = 1$$

schrieb. Der Name Napoleon allein ergibt in der zahlenmagischen Berechnung ebenso eine 5 wie der Name Buonaparte — und 5 + 5 = 10 = 1 + 0 = 1. 5 hat eine geheimnisvolle magische Bedeutung in der Kabbalistik. Die Verdoppelung dieser Zahl in dem zusammengesetzten Namen Napoleons aber ergibt die Namenszahl 1, die sich auf seinen kämpferischen Aufstieg bezieht.

Später nannte sich Napoleon aber Bonaparte, indem er das „u" in seinem Namen fortließ. Dadurch veränderte sich die Namenszahl von 5 zu 8, die man mit Revolution, Anarchismus und leidvollem Lebensende in Verbindung bringt. In der Zusammensetzung des Namens Napoleon Bonaparte ergibt sich: 5+8 = 13 = 1+3 = 4. Die höhere Zahl 13 entspricht dem okkulten Bild des Sensenmannes, der Menschen niedermäht. Der Feldherr Napoleon hat durch seine Kriege

Napoleon Bonaparte (1769–1821)

unzählige Menschen in den Tod geschickt und
Tod über ganz Europa gebracht. Die Quersumme von 13 ist $1+3 = 4$, die Zahl der Dunkelheit und Niederlage. Napoleon starb 1821 in
der Verbannung auf der Insel St. Helena. Er
wurde nicht ganz 52 Jahre alt. Viele Numerologen sind der Ansicht, daß die Geschichte Euro-
pas einen ganz anderen Verlauf genommen hätte
— und damit auch das persönliche Schicksal des
Kaisers —, wenn Napoleon nicht seinen Namen
geändert hätte.

Die Gesamtzahl seines Geburtsdatums (er
wurde am 15. 8. 1769 geboren) ergibt 1 und
entspricht seiner ursprünglichen Namenszahl.
Die Geburtstagszahl 6 ($1+5 = 6$) deutet auf
Idealismus und Gewissenhaftigkeit, aber auch
auf Eigensinn hin. Die positiven Begriffszuord-
nungen wie Häuslichkeit und friedliches Glück
konnten nicht zur Geltung kommen. Am
2. 12. 1804 (Gesamtzahl 9) wurde Napoleon zum
Kaiser der Franzosen gekrönt, und die 9 deutet
auf das Erreichen eines hohen Ziels hin. 4 ist
die Gesamtzahl seines Todesdatums (5. 5. 1821)
und entspricht somit der Namenszahl seines ab-
geänderten Namens.

Auch ein anderes Beispiel macht deutlich, welche Bedeutung ein Namenswechsel für den Charakter eines Menschen hat: Giuseppe Balsamo,
der später als Heiler, Magier und Okkultist unter
dem Namen Graf Alexander von Cagliostro be-
rühmt wurde:

G i u s e p p e   B a l s a m o
$3+1+6+3+5+8+8 +5 + 2+1+3+3+1+4+7$
$= 60 = 6 + 0 = 6$

Giuseppe Balsamo alias Alexander Graf von Cagliostro
(1743–1795)

*2. 6. 1 7 4 3
2+6+1+7+4+3
= 23 = 2 + 3 = 5

Numerologisch gesehen sind Namenszahl, Geburtstagszahl (2) und die gesamte Geburtszahl (5) nicht besonders günstig zu sehen, obwohl schon die 5 auf geheimnisvolle magische Fähigkeiten hinzuweisen scheint. Die 5 beweist auch den unruhigen, sprunghaften Geist, weist auf die ständige Nervenanspannung hin, unter der dieser Mann lebte, und zeigt einen reiselustigen Abenteurer, Spekulanten und Glücksspieler, der das Risiko als Lebenselixier braucht.

Seine Jugend in Palermo war alles andere als glücklich. Hier pflegte Balsamo einen ausgesprochen liederlichen Lebenswandel, wie Raymond Silva in seinem Buch *Die Geheimnisse des Cagliostro* (Genf 1975) nachweisen konnte. Nachdem er fluchtartig seine Geburtsstadt verlassen mußte, begab er sich auf die Insel Malta, wo er in den Malteserorden eintrat und in die Geheimnisse der Magie und der Kabbalistik eingeweiht wurde. Spätestens hier mußte Balsamo erkennen, daß seine Namenszahl 6 unter keinem glücklichen Stern stand, besonders aber in Beziehung zu seinen übrigen Zahlen. Er nannte sich von nun an Graf Alexander von Cagliostro und konnte auf diese Weise die Namenszahl 6 auf 11 verbessern.

A l e x a n d e r   v o n
1+3+5+5+1+5+4+5+2 + 6+7+5 +

C a g l i o s t r o
3+1+3+3+1+7+3+4+2+7

= 83 = 8 + 3 = 11

Wie wir bereits mehrfach erwähnt haben, ist 11 eine besonders wichtige okkulte Zahl, die auf eine höhere Erlebnissphäre hinweist, die Zahl der Lehrer, Prediger, Propheten — und auch der Märtyrer. Balsamo-Cagliostro starb am 26. 8. 1795 (Gesamtzahl 11) im Kerker der Festung San Leo, nachdem er am 7. April 1791 (Gesamtzahl 11) im päpstlichen Inquisitionsprozeß verurteilt worden war. 11 läßt sich zu 2 reduzieren.

DIE BERUFSWAHL

nsere Beispielsperson Heinrich Müller (Namenszahl 1), geboren am 19. 6. 1941 (Geburtstagszahl 1, gesamte Geburtszahl 4), gehört zu denjenigen Personen, die der magischen Zahl 1 und ihren Einflüssen unterliegen. Heinrich Müller ist Ingenieur geworden, obwohl er ursprünglich einmal Architektur studieren wollte. Daß er sich dennoch richtig entschieden hat, zeigt unsere Berechnung. Dabei addieren wir zu der Namenszahl und der gesamten Geburtszahl die Zahl des Berufs. Die daraus zu ermittelnde Quersumme sollte im Fall Heinrich Müllers mit der 1 harmonieren.

I n g e n i e u r   A r c h i t e k t
1+5+3+5+5+1+5+6+2   1+2+3+5+1+4+5+2+4
$= 33 = 3 + 3 = 6$ $= 27 = 2 + 7 = 9$

Namenszahl von Heinrich Müller: 1
Gesamte Geburtszahl H. Müllers: $+ 4$
Berufszahl Ingenieur: $+ 6$
                                 ——————
                                     11

Die 11 garantiert Phantasie und Geschick, Eigenschaften, die ein erfolgreicher Ingenieur unbedingt braucht. Absolut gesehen ist der Beruf des Architekten (9) zahlenmagisch interessanter als der des Ingenieurs (6), aber für Heinrich Müller ist dennoch der Ingenieurberuf der einzig richtige. Wäre er Architekt geworden, so hätte sich folgender Wert ergeben: $1+4+9 = 14 = 1+4 = 5$. Es bedarf nach unseren bisher gemachten Ausführungen keiner weiteren Erläute-

rung, daß die 11 in jedem Fall günstiger ist als
die 5.

Menschen, die dem Einfluß der Zahl 1 unterstehen, sind schöpferisch, zäh und durchsetzungs-
fähig. In jedem Fall hat die kosmische Geburtstagszahl die Priorität vor der Namenszahl. Deshalb bestimmen wir Einertypen mehr nach ihrer
Geburtstagszahl, auch wenn ihre Namenszahl
anders lautet. Die Geburtstagszahl ist unveränderlich, während die Namenszahl, wie wir gesehen haben, abgeändert werden kann.

Berufsmöglichkeiten nach Zahlen geordnet

1 Agenten, Kaufleute, Postbeamte, Sekretäre,
Vermittler, Wissenschaftler, Ingenieure,
Techniker, Erfinder, Buchhändler, Repor-
ter, Schriftsteller.

Zu den Einern gehören u. a. der große
Arzt und Neuerer Paracelsus (10. Dezember), die Naturforscher Sven Hedin
(19. Februar) und Auguste Picard
(28. Januar), Martin Luther (10. November), Kaiser Rudolf I. von Habsburg
(1. Mai) und Otto von Bismarck (1. April),
die Philosophen Johann Gottlieb Fichte
(19. Mai) und Bertrand Russell (1. Mai),
die Komponisten Giuseppe Verdi (10. Oktober) und Max Reger (19. März), die
Maler Paul Cézanne (19. Januar) und
Oskar Kokoschka (1. Oktober), die
Schauspieler Charles Laughton (1. Juli)
und Adele Sandrock (19. August) und die
Dichter Johann Wolfgang von Goethe
(28. August) und Friedrich von Schiller
(10. November).

2 Naturwissenschaftler, Erfinder, Ingenieure, Geschäftsführer, Bankangestellte, Chemiker, Drogisten, Apotheker, Mediziner, Detektive, Gärtner, Verwaltungsbeamte, Landwirte, Kunstgewerbler.

Zu den Zweiern gehören u. a. der Erfinder Carl Zeiss (11. September), der Mediziner Robert Koch (11. Dezember), Turnvater Jahn (11. August), Mahatma Gandhi (2. Oktober), die Künstler Max Liebermann (20. Juli) und Ernst Barlach (2. Januar), der Sänger Bing Crosby (2. Mai), der Schauspieler O. E. Hasse (11. Juli) und die Schriftsteller Graham Greene (2. Oktober) und Peter Bamm (20. Oktober), ferner der Komponist Richard Strauss (11. Juni).

3 Kaufmännische und juristische Berufe, Beamte, Künstler, schiffstechnische Berufe, Gastwirte, Dekorateure, Ärzte, Politiker, Techniker, Mechaniker, Musiker, Piloten.

Zu den Dreiern gehören u. a. Elisabeth II. von England (21. April), Königin Juliana der Niederlande (30. April), die Politiker Sir Winston Churchill (30. November) und Carlo Schmid (3. Dezember), der Mathematiker Karl Friedrich Gauß (30. April), der Arzt Ferdinand Sauerbruch (3. Juli), der Pädagoge Heinrich Pestalozzi (12. Januar), der Komponist Felix Mendelssohn-Bartholdy (3. Februar), der Bildhauer Auguste Rodin (12. November), der Maler Vincent van Gogh (30. März) und die Schauspielerinnen Eleonora Duse

(3. Oktober) und Lil Dagover (30. September).

4 Künstler, Geisteswissenschaftler, Politiker, Mystiker, Philosophen, Chirurgen, Apotheker, Offiziere, Detektive, Köche, Fotografen.

Zu den Vierern gehören u. a. der Naturforscher Isaac Newton (4. Januar), der Rosenkreuzer Johann Reuchlin (22. Februar), der mystische Schriftsteller August Strindberg (22. Januar), der Erfinder Wilhelm von Siemens (4. April), die Philosophen Immanuel Kant (22. April) und Wilhelm von Humboldt (22. Juni), der Musiker Louis Armstrong (4. Juli), die Komponisten Frederic Chopin (22. Februar) und Richard Wagner (22. Mai), Kaiserin Maria Theresia (13. Mai), die Schauspieler Gustav Gründgens (22. Dezember) und Charles Regnier (22. Juli), die Dichter Heinrich Heine (13. Dezember) und Rainer Maria Rilke (4. Dezember) und die Politiker Charles de Gaulle (22. November), George Washington (22. Februar) und Theodor Heuss (31. Januar).

5 Bankkaufleute, Kaufleute, Priester, Prediger, Richter, Philosophen, Wissenschaftler, Physiker, Dichter, Lehrer, industrielle Berufe, Ärzte (außer Chirurgen).

Zu den Fünfern gehören u. a. der Astrologe und Prophet Nostradamus (14. Dezember), der Dalai Lama, das religiöse Oberhaupt von Tibet (5. November), der Arzt und Philosoph Albert Schweitzer

(14. Januar), die Physiker Albert Einstein (14. März), Max Planck (23. April) und Wernher von Braun (23. März), Pandit Nehru (14. November) und Konrad Adenauer (5. Januar), der Maler Pablo Picasso (23. Oktober), der Dirigent Herbert von Karajan (5. April), die Philosophen Sören Kirkegaard (5. Mai) und Karl Marx (5. Mai), die Dichter Theodor Storm (14. September) und Theodor Körner (23. September).

6 Schauspieler, Musiker, Maler, Bildhauer, Gärtner, kunstgewerbliche Berufe, Schneider, Friseure, Modezeichner, Textilkaufleute, Drogisten, Architekten.

Zu den Sechsern gehören u. a. Jeanne d'Arc (6. Januar), die Schriftstellerin Vicki Baum (24. Januar), die Schauspielerinnen Zsa-Zsa Gabor (6. Februar) und Lilli Palmer (24. Mai), der Psychoanalytiker Sigmund Freud (6. Mai), der Dichter Wilhelm Busch (15. April), der Maler und Erfinder Leonardo da Vinci (15. April), der Komponist Edward Grieg (15. Juni) und der Maler Rembrandt (15. Juli).

7 Künstler, Gelehrte, Pädagogen, Richter, Staatsbeamte, Wissenschaftler, Landwirte, Schriftsteller, Journalisten, Verleger.

Zu den Siebenern gehören u. a. die Dirigenten Wilhelm Furtwängler (25. Januar) und Arturo Toscanini (25. März), der Humanist Philipp Melanchthon (16. Februar), die Komponisten Johannes Brahms

(7. Mai) und Ludwig van Beethoven (16. Dezember), die Maler Paul Gaugin (7. Juni) und Maurice Utrillo (25. Dezember), der Schauspieler und Regisseur Vittorio de Sica (7. Juli), die Philosophen J. G. Herder (25. August) und Max Stirner (25. Oktober), die Dichter und Schriftsteller Friedrich Rückert (16. Mai), Werner Bergengruen (16. September), Charles Dickens (7. Februar) und Karl May (25. Februar) sowie Papst Johannes XXII. (25. November).

8 Politiker, Diplomaten, Offiziere, öffentliche Berufe, Unternehmer, Bergbau-Ingenieure, Detektive, Architekten, Mathematiker, Vermessungsbeamte, Förster, Philosophen.

Zu den Achtern gehören u. a. die Politiker Benjamin Franklin (17. Januar), Nikita Chruschtschow (17. April), Mao Tse-tung (26. Dezember) und Schah Reza Pahlevi von Persien (26. Oktober), der römische Kaiser und Philosoph Marc Aurel (26. April), die Religionsphilosophen Martin Buber (8. Februar) und Romano Guardini (17. Februar), der Gründer des Roten Kreuzes Henry Dunant (8. Mai), der Theologe und Heilreformer Sebastian Kneipp (17. Mai), die Philosophen C. G. Jung (26. Juli) und Martin Heidegger (26. September), der Physiker Otto Hahn (8. März) und die Zeichnerin Käthe Kollwitz (8. Juli).

9 Selbständige Berufe, Soldaten, Polizisten, Schriftsteller, Maler, Bildhauer, Erfinder,

Wissenschaftler, Forscher, Psychologen, Astrologen, Zeichner, Schauspieler, Piloten, Anthropologen.

Zu den Neunern gehören u. a. der Astronom Johannes Kepler (27. Dezember), der Dichter Justinus Kerner (18. September), Kaiser Wilhelm II. (27. Januar), Zar Peter I. von Rußland (9. Juni), Kaiser Franz Joseph I. von Österreich (18. August), König Eduard III. von England (9. November), der bundesdeutsche Politiker Willy Brandt (18. Dezember), der Komponist Wolfgang Amadeus Mozart (27. Januar), die Schauspielerin Greta Garbo (18. September), der Philosoph Ortega y Gasset (9. Mai), der Maler Paul Klee (18. Dezember), die Dichter und Literaten Kurt Tucholsky (9. Januar), John Steinbeck (27. Februar), Ricarda Huch (18. Juli) und Leo Tolstoi (9. September).

11 Die Elf wird, wenn es sich um eine Geburtstagszahl handelt, immer auf 2 reduziert (siehe dort). Manche Numerologen sind der Ansicht, daß die Namenszahl einer Person, wenn sie 11 lautet, nicht mehr reduziert werden soll. Persönlichkeiten mit der Namenszahl 11 sind große Lehrer und Prediger, Propheten auf dem Gebiet der Religion, der Wissenschaften, Politik und Künste. Mystik und Okkultismus spielen eine große Rolle. Die Namenszahlen von Winston S. Churchill, Pablo Picasso, George Washington und Florence Nightingale lauten 11.

22 wird als Geburtszahl ebenso wie die 11 reduziert, und zwar auf 4. 22 gilt in der Kabbalistik als die Zahl des Meisters. Die Namenszahl 22 wird nur selten ermittelt. Die 22 vereinigt die besten Eigenschaften aller Zahlen in sich: die dynamische Energie der 1, die Überzeugungskraft der 4, die Genialität der 3, die Ausdauerkraft der 4, die Wendigkeit der 5, die Ausgeglichenheit der 6, die Weisheit der 7, die weltlichen Fähigkeiten der 8, die sozialen Aspekte der 9 und das Selbstbewußtsein und die Hellsichtigkeit der 11. Menschen, deren Digitalzahl 22 ist, sind auf allen Gebieten ungeheuer erfolgreich, ob es sich nun um Künstler, Lehrer, Politiker, Organisatoren oder Geschäftsleute handelt.

Und wieder liegt es am Menschen selbst, ob er diese Anlagen zum Guten oder Bösen nutzt, ob er ein genialer oder verbrecherischer Meister wird. Dabei ist immer zu berücksichtigen, daß die Quersumme von 22 die Zahl 4 ergibt. Ist aber sowohl die Namenszahl als auch die Geburtstagszahl 22, so wird es sich sicher um einen außergewöhnlichen Menschen handeln.

Die Namenszahl von John D. Rockefeller lautet 22.

GÜNSTIGE FIRMENNAMEN
UND GRÜNDUNGSDATEN

er Erfolg einer Firma, eines neuen Produktes oder eines Buches hängt nicht zuletzt von der Wirkzahl ab, die aus der Summe der Namenszahl des Gründers, Erfinders oder Autors, der Zahl aus dem Firmennamen, der Produktbezeichnung oder des Buchtitels und dem Gründungs- bzw. Erscheinungsjahr errechnet wird. Der Gründungs- oder Erscheinungstag muß aus den günstigen Geburtstagszahlen des Firmengründers, des Erfinders oder Buchautors abgelesen werden (vgl. den Abschnitt *Glückstage und Glückszahlen*).

Beispiele

Unsere Beispielsperson Heinrich Müller (Namenszahl 1) hatte sich für Saarbrücken (1) entschieden, wo er als Teilhaber von Hans Braun (3) eine neue Firma gründen will. Diese soll am 1. September (Heinrich Müllers Glückstag des Monats innerhalb seines Tierkreiszeichens Jungfrau) 1976 ($1 + 9 + 7 + 6 = 23 = 2 + 3 = 5$) ihre Arbeit aufnehmen. Um die Aussichten dieser Firma marktgerecht beurteilen zu können, wendet sich Heinrich Müller an einen Numerologen. Dieser rät ihm zu folgendem Firmennamen:

A R B I T
$1 + 2 + 2 + 1 + 4 = 10 = 1 + 0 = 1$

Diese Zahl 1 entspricht Heinrich Müllers Namens- und Geburtstagszahl. Die Summe aus

persönlicher Namenszahl, Firmennamenszahl und
Gründungsjahr lautet: $1 + 1 + 5 = 7$. In der
Zahlenmagie bedeutet 7 Sieg nach Abenteuer,
Aktivität und Kampf. Heinrich Müller hat das
Abenteuer einer eigenen Firmengründung auf
sich genommen. Durch harten Arbeitseinsatz und
kämpferisches Durchstehungsvermögen wird es
schließlich gelingen, die neue Firma erfolgreich
gegen alle anfänglichen Schwierigkeiten aufzu-
bauen.

Ein anderes Beispiel aus der Literatur. Der
erste große Bestseller der Nachkriegszeit wurde
Werner Kellers Buch *Und die Bibel hat doch
recht,* das 1955 in der ersten Auflage auf den
Buchmarkt kam.

W e r n e r   K e l l e r
6+5+2+5+5+2 + 2+5+3+3+5+2
$= 45 = 4 + 5 = 9$
1   9   5   5
$1+9+5+5 = 20$
$= 2 + 0 = 2$
U n d   d i e   B i b e l   h a t
6+5+4 + 4+1+5 + 2+1+3+5+3 + 5+1+4 +

d o c h   r e c h t
4+7+3+5 + 2+5+3+5+4 = 87 = 8 + 7 = 15 = 1 + 5 = 6

Die Schicksalszahl des Buches lautet:
$9 + 6 + 2 = 17 = 1 + 7 = 8$, was in der positiven Ausdeutung finanzieller Erfolg bedeutet.
Im Zusammenhang mit Kellers Namenszahl und
seinen übrigen günstigen persönlichen Daten
mußte das Buch ein Erfolg werden.

John D. Rockefeller (Namenszahl 22) gründete im Jahr 1870 die Standard Oil Company
und verdiente ein märchenhaftes Vermögen.

Allerdings hatte auch er hart dafür arbeiten müssen.

S t a n d a r d O i l C o m p a n y
3+4+1+5+4+1+2+4 + 7+1+3 + 3+7+4+8+1+5+1
$= 64 = 6 + 4 = 10 = 1 + 0 = 1$
$1870 = 1 + 8 + 7 + 0 = 16 = 1 + 6 = 7$

Die Schicksalszahl der Rockefeller-Firma lautet: $22 + 1 + 7 = 30 = 3 + 0 = 3$. Die 3 aber besagt, daß man mehr Geld mit weniger Mühe als gewöhnlich verdienen kann. Rockefeller kaufte zahlreiche mit Verlust arbeitende Erdölunternehmen auf, um die amerikanische Erdölerzeugung zu beherrschen. Als erster nutzte er die Erfindung, Erdöl in Rohrleitungen über weite Strecken zu befördern. Seine großen Gewinne legte er in anderen Industriezweigen an. Bald wurde er zum reichsten Mann der Welt. In seinen Stiftungen legte er im Lauf der Jahre über 500 Millionen Dollar an. Als einsamer alter Mann starb John D. Rockefeller im hohen Alter von 96 Jahren.

Schicksalszahlen für Unternehmungen aller Art

1 Wille, Energie, Tatkraft, Lebenskraft, Geschicklichkeit, Mut, günstige Neuanfänge.

2 Intuition, Intellekt, Kultur, Fortschritt, aber immer von Schicksalsschlägen bedroht.

3 Aktivität, Arbeitswille, Fleiß, finanzielle Erfolge auf allen Gebieten.

4 Es ergeben sich keine besonders günstigen Aussichten. Firmennamen ändern.

5 Abenteuerliche Unternehmungen und Risiken, die aber schließlich zu einem dauerhaften Erfolg führen können.

6 Erfindergabe, schöpferische Kraft, gleichmäßiges, harmonisches Wachstum.

7 Sieghafte Kampfkraft, Zielsicherheit, der Arbeitseinsatz wird sich auszahlen.

8 Doppeldeutig: bei guten persönlichen Zahlen positiv, sonst Mißerfolg.

9 Erreichen eines hohen Zieles, günstige Voraussetzungen für einen Neubeginn.

John D. Rockefeller (8. 7. 1839 in Richford geboren).

STAATEN UND LÄNDER

it Staaten und Ländern verfährt man numerologisch wie mit Personen. Man ermittelt die Namenszahl und stellt die Gründungstagszahl und die Zahl des Gründungsjahres fest.

Beispiel: Bundesrepublik Deutschland

Die Namenszahl der Bundesrepublik Deutschland ist 7. Das Grundgesetz wurde am 23. Mai 1949 verkündet, Gründungstagszahl ist also: $23 = 2 + 3 = 5$, die Zahl des Gründungsjahres: $1949 = 1 + 9 + 4 + 9 = 23 = 2 + 3 = 5$.

Bei der BRD stellen wir fest, daß die magischen Zahlen für den Gründungstag, den Gründungsmonat und das Gründungsjahr jeweils 5 lautet. Wie wir bereits gesehen haben, kommt der Fünf eine geheimnisvolle Bedeutung zu.

Die Fünf deutet auf Impulsivität, Lebhaftigkeit, Vielseitigkeit, Intelligenz und Schlagfertigkeit, kaufmännisches Geschick, aber auch auf Spekulationen. Risiken werden angenommen und Abenteuer nicht gescheut, um schließlich zum Ziel zu gelangen, das ein dauerhaftes Glück garantieren soll. Dreimal die Fünf – das kann schon kein Zufall mehr sein! In Verbindung mit der Namenszahl 7, die Arbeit, aber auch Sieg verheißt, sicher keine schlechten Voraussetzungen für die Neugründung eines Staates.

Inneres Wesen und äußerliche Erscheinung eines Staates lassen sich nach den beschriebenen Mustern (siehe Abschnitte *Herzzahl* und *Persönlichkeitszahl*) wie bei Personen errechnen. Auch die bedeutenden Schicksalsjahre (vgl. *Geburts-zahl*) lassen sich so errechnen, daß man zum Gründungsjahr die Quersumme addiert. Demnach ergeben sich für die Bundesrepublik Deutschland folgende Schicksalsjahre:

Gründungsjahr	1949
+ Quersumme	23
1. bedeutendes Schicksalsjahr:	1972
+ Quersumme	19
2. bedeutendes Schicksalsjahr:	1991

Am 8. März 1972 einigten sich die Wirtschafts- und Finanzminister der Europäischen Gemeinschaft über die Verengung der Wechselkurs-Bandbreiten, ebneten zwar damit den ersten Weg zu weiteren Schritten im Hinblick auf die Vollendung der Wirtschafts- und Währungsunion, leiteten aber damit auch eine weltweite Wirtschafts- und Finanzkrise ein, zu der sich kurze Zeit später die Rohstoffverknappung gesellte. Am 12. Mai 1972 paraphierten Staatssekretär Bahr vom Bonner Bundeskanzleramt und Staatssekretär Kohl vom DDR-Ministerrat in Bonn den innerdeutschen Verkehrsvertrag. Am 17. Mai 1972 wurden die von der Bundesregierung abgeschlossenen Ostverträge mit der Sowjetunion und der Volksrepublik Polen vom deutschen Bundestag mit relativer Mehrheit angenommen.

Um zu sehen, ob das Jahr 1972 auf lange Sicht sich günstig oder ungünstig auswirken wird, addieren wir die Zahlen aus Gründungstag, -monat und Schicksalsjahr und ermitteln dann die Digitalzahl: $23 + 5 + 1 + 9 + 7 + 2 = 47 = 4 + 7 = 11$. Diese Antwort kann doppeldeutig sein. Belassen wir es bei der Zahl 11, so deutet sie auf eine höhere Erlebnissphäre hin. 11 ist aber auch die Zahl der Offenbarung und des Märtyrertums und bedeutet Verzicht. Reduzieren wir die 11 zu 2 (1 + 1 = 2), so deutet das auf eine aufregende Zeit und Krisensituationen hin. Alles in allem wohl keine sehr positiven Aussichten.

Um zu ersehen, ob das nächste große Schicksalsjahr bessere Aspekte in sich birgt, verfahren wir in gleicher Weise:

$$23 + 5 + 1 + 9 + 9 + 1 = 48 =$$
$$4 + 8 = 12 = 1 + 2 = 3.$$

Hier endlich scheint sich der Beginn einer glänzenden Periode abzuzeichnen, in der es keine Feindschaften und keine finanzielle Not zu geben scheint, denn die 3 steht für Frieden, Wohlstand und Erfolg.

Schicksalsjahre aus der französischen Geschichte

Ende der französischen Revolution und Hinrichtung Robespierres	1794
+ Quersumme	21
Sturz Napoleons	1815
+ Quersumme	15
Pariser Juli-Revolution, Karl X. dankt ab	1830
+ Quersumme	12
König Louis Philippe stirbt	1842
+ Quersumme	15
Ende des Krimkrieges	1857
+ Quersumme	21
Staatsvertrag in Berlin, Deutschlands Schutzbündnis mit Italien / + Quersumme	1878 24

Kriegsgefahr mit England wegen	1902
Faschoda in Afrika / + Quersumme	12
Beginn des ersten Weltkrieges	1914
+ Quersumme	15
Bau der Maginotlinie	1929
+ Quersumme	21
Frankreich bekennt sich nach dem Beitritt zum Nordatlantikpakt und zum Europarat zum westlichen Bündnis	1950
+ Quersumme	15
Französisch-sowjetisches Kommuniqué, das die Verantwortung der Atommächte für eine kontrollierte Abrüstung unterstreicht.	1965

Das nächste Schicksalsjahr für Frankreich läßt sich für das Jahr 1986 (1965 + 21) errechnen.

Persönliche Schicksale von Staatsoberhäuptern

Hier nur einige frappierende Zahlenbeispiele:

Thronbesteigung Ludwigs XVI. von Frankreich / + Quersumme	1774
	19
Hinrichtung Ludwigs XVI.	1793
Thronbesteigung Georgs I. von England	1714
+ Quersumme	13
Thronbesteigung Georgs II.	1727
Geburt Königin Victorias von England	1819
+ Quersumme	19
Krönung Königin Victorias	1838

ZAHLEN UND IHRE GESETZE

BIBLISCHE PHÄNOMENE

ls Werner Kellers 1955 erschienenes Sachbuch *Und die Bibel hat doch recht* größte Verbreitung fand, bezweifelte kaum noch jemand, daß die „Heilige Schrift" nicht nur ein bedeutendes gesetzgebendes Werk ist, sondern daß dieses Buch auch einen ungeheuren historischen Wahrheitsgehalt besitzt. Moderne Forscher bewiesen die Wahrheit erstaunlicher Aussagen, die in der Bibel gemacht worden sind. So hat erst in jüngerer Zeit wieder der durch seine Entdeckungen und Patente weltbekannte ETH-Physiker und Chemiker Dr. Walter Stark in seinem Erfolgsbuch *Marah – die Bibel weist modernster Wissenschaft den Weg* (Ariston, Genf 1975) dargestellt, daß umwälzende Erkenntnisse insbesondere der modernen Biophysik im Wissensgut des *Alten Testamentes* bereits vorweggenommen waren und daß dieses Wissen ultramoderne Forschung zu befruchten vermochte.

Daß das *Alte Testament* aber auch Gegenstand numerologischer Überlegungen sein könnte, daran dachte wohl niemand. Tatsächlich aber sind in diesem Teil der Bibel einige Zahlengeheimnisse verborgen, von denen wir hier berichten wollen. Dem schon zitierten Zahlenforscher Cheiro (Graf Louis Hamon) gebührt das Verdienst, als erster das Zahlengeheimnis gelüftet zu haben.

Das „güldene Abc"

Nach der Überlieferung schrieb Moses auf

Geheiß seines Schöpfers das *Alte Testament* auf. Damals war es aber noch nicht in Kapitel und Verse eingeteilt. Im Vergleich zur späteren Bibel machte dieser Teil weniger als die Hälfte des späteren Gesamtumfanges aus. Deshalb ist es erstaunlich, daß König David als Psalmendichter angeben konnte, daß der spätere 119. Psalm das längste Kapitel der Bibel sein würde, denn sowohl die Einteilung der Bibel in Kapitel und Verse als auch die Numerierung der Psalmen erfolgte erst 2000 Jahre nach König Davids Lebenszeit.

Cheiro erklärte dazu folgendes:

„In diesem 119. Psalm, der aus 176 Versen besteht, erläutert jede einzelne Strophe mittelbar und unmittelbar die Unterweisungen und Belehrungen der gesamten Heiligen Schrift.

Der 119. Psalm wurde zudem in 22 Abschnitte eingeteilt, denen genau die Anzahl der 22 Buchstaben des hebräischen Alphabets entsprechen. Im hebräischen Text besteht jeder dieser 22 Abschnitte wiederum aus acht Versen zu je 16 Silben, abwechselnd kurz und lang, d. h. in der Form des jambischen Tetrameters.

Im hebräischen ursprünglichen Text beginnt zudem jeder einzelne der acht Verse des ersten Abschnitts mit dem ersten Buchstaben des hebräischen Alphabets, nämlich mit dem Buchstaben Aleph. Die acht Verse des zweiten Abschnitts beginnen alle mit dem zweiten Buchstaben des hebräischen Alphabets, also mit dem Buchstaben Beth. Die acht Verse des dritten Abschnittes schließlich beginnen alle mit dem

Buchstaben Gimel, dem dritten des hebräischen Alphabets.

Diese eigenartige gleichmäßige Einteilung wurde auf sämtliche 22 Buchstaben des hebräischen Alphabets angewandt, und in alten Zeiten wurde deshalb der 119. Psalm auch ‚Das güldene Abc' genannt."

In allen 22 Abschnitten und in jedem Vers des 119. Psalms werden immer wieder die gleichen göttlichen Worte benutzt: „Das Gesetz des Herrn" (1. Vers), „Seine Zeugnisse" (2. Vers), „Seine Wege" (3. Vers), „Deine Befehle" (4. Vers), „Deine Rechte" (5. Vers), „Deine Gebote" (6. Vers), „Deine gerechten Urteile" (7. Vers) und „Deine Gesetze" (8. Vers).

Ferner spielt auch die in der Kabbalistik so bedeutsame Zahl 12 eine Rolle, denn in jedem der 176 Verse des 119. Psalms ist wenigstens eines der nachfolgend wiedergegebenen Wörter enthalten: Rechte, Satzungen, Treue, Beständigkeit, Gesetz, Name, Wort, Befehle, Wege, Gerechtigkeit, Zeugnisse, Gebote. Das trifft zumindest beim hebräischen Originaltext zu; zahlreiche Übersetzungen setzten allerdings andere Wörter für diese „Urworte" ein.

Durch diese besondere Kennzeichnung kommt dem 119. Psalm schon rein äußerlich eine hervorragende Bedeutung zu. Das längste Kapitel, eben der 119. Psalm, wird mit dem kürzesten Kapitel, dem 117. Psalm, durch den 118. Psalm verbunden. Es kann kein Zufall sein, daß in diesem verbindenden Mittelstück im „Buch der Bücher" der mittlere zentrale Vers (8. Vers des 118. Psalms) enthalten ist:

„Besser ist es, auf den Herrn zu bauen als auf Menschen zu vertrauen."

1188 ist die Zahl dieses Zentralverses (zusammengesetzt aus Psalm 118 und Vers 8), und die gesamte Bibel enthält 1188 Kapitel außer dem 118 Psalm (also insgesamt 1189), zählt man die Kapitel des *Alten* und des *Neuen Testaments* zusammen.

Die Mitte der Bibel

Doch nicht genug der biblischen Zahlenwunder, denn der 117. Psalm bildet als kürzestes Kapitel die eigentliche Mitte der Bibel. Innerhalb der insgesamt 1189 Gesamtkapitel trägt nämlich der 117. Psalm die Kapitelzahl 595, wobei 594 vorausgehen und die gleiche Kapitelzahl nachfolgt. Ob man nun die Zahl 595 vorwärts oder rückwärts liest, das Ergebnis bleibt immer das gleiche.

Daß diese Zentralstelle der Bibel eine besondere Verheißung enthalten muß, liegt demnach auf der Hand, und tatsächlich heißt es dort (Huldigung aller Völker):

„Lobt den Herrn, alle Völker, rühmt ihn, alle Nationen!
Denn mächtig waltet seine Güte über uns;
die Treue des Herrn währt ewig. Hallelujah!"

Diese Zahlenmysterien der Bibel zeigen deutlich, daß hier die ordnende Hand eines allmächtigen Schöpfers in das herrschende Chaos eingriff, um sein göttliches Gesetz zu verkünden. Der Mensch aber unterliegt dieser göttlichen Ordnung, dem kosmischen Gesetz. Er kann sich diesem nicht entgegenstellen, denn sein Schicksal erfüllt sich nach Gottes Willen. Das ist die tiefe Erkenntnis, die die Kabbalistik mit der Numerologie gemein hat.

ZAHLENMAGISCHE ZEICHEN UND QUADRATE

ie Zahl 3, als Symbol der göttlichen Dreieinigkeit, des Dreiecks, der Pyramidenseite, spielt in der Zahlenmagie eine große Rolle.

Im Mühlespiel kommt ihr eine besondere Bedeutung zu, denn 3 in einer Linie gelegte Steine können nicht gesprengt werden. Das Mühlespiel gehört zu den ältesten Ideogrammen überhaupt, wobei dreimal drei Steine zu einem Quadrat zusammengesetzt werden. Daraus ergibt sich die Zahl 7, denn $3 + 4 = 7$, die Zahl der magischen Offenbarung. 3 steht für die drei Mondphasen, 4 (die Ecken des Quadrats) für die vier Himmelsrichtungen.

Mühle wurde schon von ägyptischen Bauarbeitern auf den am Boden liegenden Dachziegeln eines Tempels gespielt, welche dann später auf das Dach kamen. Ursprünglich für Orakelzwecke benützt (Abbildung a), entwickelte sich später daraus ein Gesellschaftsspiel, das wir noch heute unter der Bezeichnung „Mühle" kennen (Abbildung b).

Mit der magischen Zahl 5 verband das Mittelalter ein Geheimzeichen, das Pentagramm, das aus der kreuzweisen Verbindung von fünf Punkten bestand, wobei jeder Eckpunkt einem Planeten entsprach: Jupiter, Saturn, Mars, Venus und Merkur. Auch das Pentagramm diente vermutlich Ägyptern und Griechen als Brettspiel. In der mittelalterlichen Magie war es ein Schutzzeichen gegen Dämonen. Auch die Kirche verwendete es als Schutz- und Abwehrzeichen gegen den Teufel.

Das in einem Zug zu ziehende Pentagramm (auch Drudenfuß genannt) symbolisiert die fünf Elemente: Erde, Wasser, Luft, Feuer und die „Quintessenz" oder Weltseele. Agrippa von Nettesheim zeigte, wie auch der Mensch der Zahl 5 unterworfen ist. Stellt er sich mit gespreizten Beinen und ausgestreckten, etwas gesenkten Armen hin, so kann man um jeden Mittelpunkt einen Kreis ziehen, der Kopf, Finger und Füße berührt. Die sich so ergebenden fünf Punkte teilen den Kreis in fünf gleich große Teile (Abbildungen c und d).

Fünfzehn ist die Zahl der Ischtar, der bedeutendsten Göttin des sumerisch-akkadischen Götterhimmels. Ihre Stadt Ninive zählte 15 Tore. 15 ist die Symbolzahl für Ischtar, den Venusstern (Quersumme $1 + 5 = 6 =$ Sex, Liebe) mit acht Strahlen. Wie wir aus der Summe der acht möglichen Diagonalen ersehen ($1 — 5 — 9$, $2 — 5 — 8$, $3 — 5 — 7$, $6 — 5 — 4$, $9 — 5 — 1$, $8 — 5 — 2$, $7 — 5 — 3$, $4 — 5 — 6$), ergibt sich immer wieder die Zahl 15:

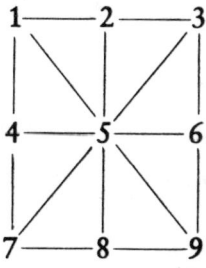

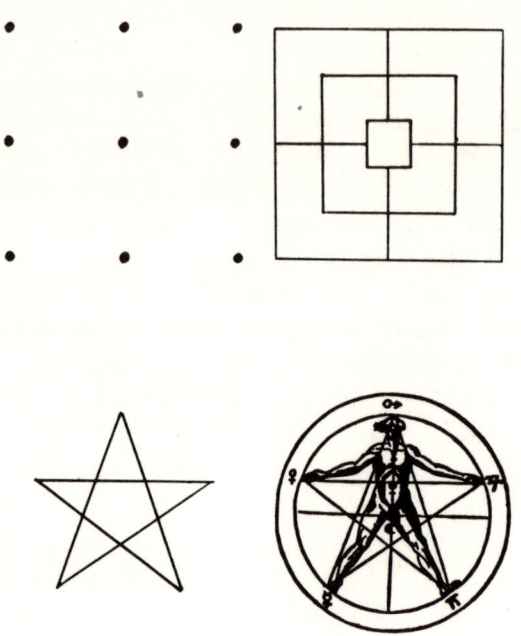

a) Magisches Quadrat, dreimal drei Steine zu Orakel-
zwecken.

b) Mühlebrett; ein Spiel, das die alten Ägypter
schon kannten.

c) Pentagramm zur Dämonenabwehr.

d) Agrippas Menschen-Pentagramm.

Der Venusstern wird aus den neun magischen Zahlen, die in der Kabbalistik gebräuchlich sind, gebildet. Die gestrichelten Verbindungen wurden erst später gezogen, wobei jeder Linie eine bestimmte Bedeutung zukommt.

Die einzelnen Linien des Ischtar- oder Venussterns haben folgende Bedeutung (Abb. S. 113):

1 — 2 — 3 ist die Weglinie
4 — 5 — 6 ist die Geistlinie
7 — 8 — 9 ist die Ziellinie
1 — 4 — 7 ist die Linie der Voraussehung
2 — 5 — 8 ist die Ich-Linie
3 — 6 — 9 ist die Linie der Möglichkeit
1 — 5 — 9 ist die Kraftlinie
3 — 5 — 7 ist die Stofflinie

Ergibt sich nun bei der Berechnung einer Persönlichkeit eine entsprechende Zahlenreihe (erste Zahl: Geburtstagszahl – zweite Zahl: Namenszahl – dritte Zahl: Herz- oder Persönlichkeitszahl), so läßt sich daraus weiterhin der persönliche Schicksalsweg der betreffenden Person ablesen.

Verblüffend ist auch die Aufstellung eines sogenannten Zahlenbaumes:

$$1 \times 9 + 2 = 11$$
$$12 \times 9 + 3 = 111$$
$$123 \times 9 + 4 = 1111$$
$$1234 \times 9 + 5 = 11111$$
$$12345 \times 9 + 6 = 111111$$
$$123456 \times 9 + 7 = 1111111$$
$$1234567 \times 9 + 8 = 11111111$$
$$12345678 \times 9 + 9 = 111111111$$
$$123456789 \times 9 + 10 = 1111111111$$

Albrecht Dürers Melancholie (Melencolia), 1514.

Eine große Rolle spielten seit jeher auch die Zahlenquadrate.

Konfutse (Konfuzius) berichtet eine Geschichte von dem chinesischen Kaiser Yü, der von 2205 bis 2198 vor Christus regiert hat. Er galt als sehr weise und gerecht. Um den Gelben Fluß daran zu hindern, über seine Ufer zu treten und das Land zu überschwemmen, wollte Kaiser Yü Dämme bauen lassen. Da erschien ihm die von Gott gesandte Schildkröte Hi, welche folgendes magisches Zahlenquadrat auf dem Rücken ihres Panzers trug:

4	9	2
3	5	7
8	1	6

Bei diesem Zahlenquadrat, das wiederum alle neun magischen Zahlen enthält, welche alle um die mystische Fünf als Mittelpunkt gruppiert sind, ergeben nicht nur alle Diagonalen, sondern auch alle waagrechten und senkrechten Reihen jeweils die Summe 15. Die geraden Zahlen bilden die Ecken des Quadrats, während die ungeraden in der Mitte der Seiten angeordnet sind.

Ein bekanntes Zahlenquadrat, das wir auch auf einem Jupiteramulett wiederfinden, erkennen wir auf dem berühmten Kupferstich Albrecht Dürers, der im Jahr 1514 entstanden ist. Dieses Blatt trägt die Bezeichnung *Melencolia* (Melan-

cholia, Melancholie). Das an der Wand hän-
gende magische Quadrat besteht aus 16 Zahlen:

16	3	2	13
5	10	11	8
9	6	7	12
4	15	14	1

Die Summen der waagrechten und senkrechten
Linien, der Diagonalen und die der Eckzahlen
sowie die Summe der mittleren Zahlen im kleinen Quadrat sind jeweils 34. Dazu kommt eine
weitere verblüffende Tatsache: die beiden mittleren Zahlen der unteren Reihe ergeben zusam-
mengeschrieben das Entstehungsdatum des Bil-
des, nämlich 1514.

Mittelalterliche Sternamulette dienten der
Dämonenabwehr. Sie unterschieden sich vor
allem in der Anzahl der Felder. So weist das
Saturnquadrat 9 Felder, das Jupiterquadrat
16 Felder, das Marsquadrat 25 Felder, das Son-
nenquadrat 36 Felder, das Venusquadrat 49 Felder, das Merkurquadrat 64 und das Mond-
quadrat gar 81 Felder auf. Für die entsprechenden Zahlen wurden auch hebräische Buchstaben
in die Quadrate eingesetzt. Der betreffende
Planet aber sollte den Träger schützen, wobei als
magisches Bindeglied das Amulett verwandt
wurde.

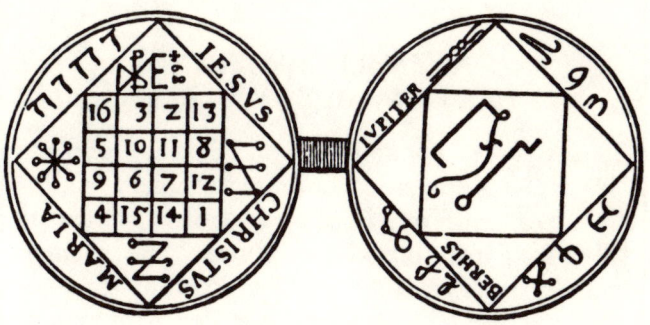

Jupiteramulett

Marsamulett

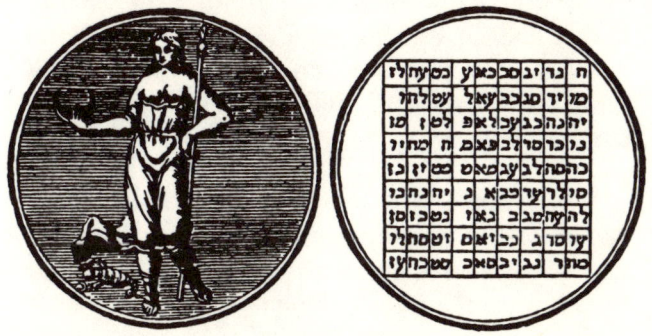

Mondamulett

DAS ZAHLENGEHEIMNIS
DER PYRAMIDE VON GIZEH

ie Pyramiden von Gizeh, fünfzehn Kilometer vom Stadtzentrum Kairos entfernt, liegen auf einem Höhenzug der libyschen Wüste. Die Seitenwände der Pyramiden waren ursprünglich glatt und mit weißem Kalkstein aus den Mokkatambergen verkleidet. Die Mokkatamberge liegen westlich Kairos.

Unter der Sonne Ägyptens leuchtete der Kalksteinmantel der Pyramiden wie Silber auf. Über dem toten Leib des „Sohnes der Sonne", dem Pharao, erhob sich eine Lichtflut, ein weithin sichtbares Sonnenzeichen. Die größte Pyramide von Gizeh ist die des Pharao Cheops. Sie hat einen Flächenraum von 54.600 Kubikmetern und ist 146 Meter hoch. Im Inneren sind zahlreiche Gänge, die teilweise nur gebückt zu durchschreiten sind. Man kommt durch leere große Räume und dann zur eigentlichen Grabkammer, einer Halle von 47 Metern Länge und 8,50 Metern Höhe. Pharao Cheops gehörte der vierten Dynastie des „Alten Reiches" an. Seine Regierungszeit wird etwa zwischen 2560 und 2480 v. Chr. zu datieren sein.

Die Grundkante der Cheopspyramide mißt genau 365,24 Pyramidenellen – das sind genauso viele Tage, wie unser Sonnenjahr zählt. Aber diese Pyramide enthält auch eine erstaunliche numerologische Prophezeiung, die im allmählich ansteigenden Gang, in der sogenannten großen Galerie, eingefügt ist.

Der königlich-schottische Staatsastronom Professor Piazzi Smyth (geb. 1819) war der erste Numerologe, der das Zahlengeheimnis der Cheopspyramide entdeckte. Der Punkt, an dem die Galerie beginnt, wird mit dem Geburtstag Christi am 6. Oktober des Jahres 6 vor unserer Zeitrechnung bezeichnet. Jedem Jahr unserer Menschheitsgeschichte soll nun ein Zoll der Galerie entsprechen. Die ersten 400 Zoll der Galerie bestehen aus festen und gut erhaltenen Steinen. Die Strecke ist nun mit den ersten 400 Jahren der christlichen Geschichte gleichzusetzen, in denen die Kirche sich ständig ausbreitete und der christliche Glaube sich festigte.

Nach dieser Fläche werden die Steine rissig, wobei behauptet wird, daß die Erbauer absichtlich schlechteres Material verbaut hätten, um so die Kriegszüge Alarichs und der Westgoten zu prophezeien. Zwischen 622 und 732 Zoll sind die Steine besonders bröckelig, um dann wieder fester zu werden. 622 aber beginnt die Hegira und der Aufstieg des Islam, bis endlich im Jahr 732 n. Chr. Karl Martell die Mohammedaner entscheidend schlagen konnte.

Weitere schadhafte Stellen sind zwischen 1000 und 1300 Zoll zu erkennen. Entsprechend unserer Geschichte fand in dieser Zeit die Kirchenspaltung statt, als sich die Ostkirche von der Westkirche trennte und die Päpste sich mit den Kaisern des Heiligen Römischen Reiches Deutscher Nation zerstritten. Die Galerie endet mit der großen Stufe bei 1844 Zoll. In diesem

Jahr lernte Karl Marx Friedrich Engels in Paris kennen. Beide gelten als die Väter des heutigen Kommunismus. Gemeinsam schufen sie das *Kommunistische Manifest.* Fast alle großen technischen Erfindungen wurden nach 1844 gemacht und bildeten die Grundlage zu einem gewaltigen Aufschwung der Menschheit. Die Galerie mündet nun in Gänge und Vorräume, bis schließlich die Königskammer erreicht wird. Von hier ab ändert sich der Maßstab, wobei ein Zoll einem Monat entspricht.

Der Beginn des ersten, niedrigen und düsteren unteren Ganges, durch den man sich nur kriechend hindurchzwängen kann, entspricht dem 5. August 1914, dem Tag, an dem England in den ersten Weltkrieg eintrat. Dieser Tunnel endet genau am 11. November 1918 und mündet in eine höhere Vorkammer. Dieses Datum entspricht dem Beginn des Waffenstillstandes zwischen dem Deutschen Reich und den Alliierten.

Die nächste Dunkelstraße beginnt, wie Basil Steward in *The Great Pyramid* erläuterte, genau am 29. Mai 1928, dem Beginn des zweiten unteren Ganges, der ebenso düster und schmal ist wie der erste. Dieser Abschnitt dauert genau bis zum 15. September 1936 und entspricht der damaligen weltweiten Wirtschaftskrise. 1936 aber wurde im September der Achsenpakt zwischen Hitler und Mussolini geschlossen. Die Erhöhung zum Zentrum der Königskammer erscheint nun wie ein Hohn.

In der Mitte der Kammer wird der 4. März 1945 notiert. Mit einer nur geringen Abweichung von einem Monat ist das der Markierungspunkt für die erste Atombombenexplosion, die auf der Ebene von Alamogordo stattfand. Das Ende der Kammer aber fällt mit dem 20. August 1955 zusammen. An diesem Tag ging in Genf eine Konferenz von Wissenschaftlern aus 72 Ländern über die friedliche Nutzung der Atomenergie zu Ende.

Alles nur Zufall oder göttliche Inspiration? Die Numerologen glauben nicht an den Zufall, denn nichts geschieht ohne göttliche Fügung.

ZAHLEN WAREN IHR SCHICKSAL

ie wir am Beispiel von Napoleon (Schicksalszahl 13 = 1 + 3 = 4) und Giuseppe Balsamo alias Alexander Graf von Cagliostro (Schicksalszahl 11) gesehen haben, kann eine bestimmte Zahl für eine Person, aber auch für ein ganzes Staatsgefüge bestimmend sein. Der Numerologe Cheiro weist auf die geheimnisvolle Verbindung der magischen Zahl 539 zwischen König Ludwig dem Heiligen von Frankreich (geb. 1215) und König Ludwig XVI. von Frankreich (geb. 1754) hin. Ferner zeigt er, daß die Zahl 14 eine wesentliche Rolle in der Geschichte der französischen Könige spielt.

Nach Auffassung der amerikanischen Zahlenmagierin Pauline Innis war der dramatische Sturz des US-Präsidenten Richard Nixon die unabdingbare Folge der Wirkung der Zahl 37.

Richard Nixon war der 37. Präsident der USA. Das Datum, an dem er seinen Rücktritt bekanntgab, der 8. 8. 1974, hat die Quersumme 37. Die öffentliche Ansprache mit der Ankündigung des Rücktritts war Nixons 37. Fernsehauftritt vor der amerikanischen Nation.

Die Zahl 13 war für das Leben des großen Komponisten Richard Wagner beherrschend. Er wurde im Jahr 1813 geboren und starb am 13. Februar. Sein Festspielhaus in Bayreuth wurde am 13. August eröffnet. Einschließlich der Jugendwerke schrieb er 13 Tondramen. Sein Name setzt sich aus 13 Buchstaben zusammen. Die Ziffern seines Geburtsjahres ergeben als Quersumme wiederum 13 (1+8+1+3=13).

Den ersten Anstoß zum Ergreifen seines Berufs empfing er durch eine Vorstellung des *Freischütz* am 13. Oktober. Sein Musikdrama *Tannhäuser* endete am 13. März 1861 in Paris mit einem riesigen Theaterskandal und kam dort wieder am 13. Mai 1895 zu Ehren.

Das Rigaer Theater, an dem Wagner als Kapellmeister begann, wurde am 13. September 1837 eröffnet, der *Tannhäuser* am 13. April 1844 vollendet. Wagners Verbannung aus seiner Heimat dauerte 13 Jahre. Der letzte Tag, den er in Bayreuth verlebte, war der 13. September. Liszt besuchte ihn zum letzten Mal in Venedig am 13. Januar 1883. Das Jahr, in dem Wagner starb, war das 13. Jahr der deutschen Reichseinheit.

Die magische 13 ist auch für das Sexidol Kim Novak von besonderer Bedeutung. Die Hollywood-Schauspielerin wurde am 13. Februar 1933 um 3.13 Uhr im Zimmer 313 des Chikagoer Krankenhauses geboren. Am 13. September 1965 lernte sie den britischen Schauspieler Richard Johnson kennen, der am 13. Dezember um ihre Hand anhielt. Am 13. März erfolgte im Wintersportort Aspen die Trauung um 13 Uhr. Diese dauerte genau 13 Minuten lang. – Die Ehe hielt nicht länger als 13 Monate.

Wie wir bereits feststellten, scheint das Schicksal der Bundesrepublik Deutschland mit der Schicksalszahl 5 verknüpft zu sein:

Verkündung des Grundgesetzes am 23. (2+3 = 5) Mai (5. Monat) 1949 (1+9+4+9 =

23 = 2+3 = 5). Untersuchen wir nur einmal die Tagesdaten, die sich auf die Zahl 5 zurückführen lassen (der 5., 14. und 23. eines jeden Monats), so stoßen wir auf die wichtigsten Ereignisse der Geschichte der Bundesrepublik Deutschland.

5. Januar 1876	Konrad Adenauer, erster deutscher Bundeskanzler, geboren.
14. Okt. 1894	Heinrich Lübke, deutscher Bundespräsident, geboren.
23. Juli 1899	Gustav Heinemann, deutscher Bundespräsident 1969 bis 1974, geboren.
23. Mai 1945	Die deutsche Regierung unter Admiral Karl von Dönitz wird von den Alliierten für abgesetzt erklärt.
5. Juni 1945	Auf Grund einer Viermächte-Deklaration geht die Vollzugsgewalt in Deutschland in die Hände der Alliierten über. Deutschland wird in vier Besatzungszonen aufgeteilt (USA, Großbritannien, Sowjetunion, Frankreich).
23. April 1947	Die Außenminister der Siegermächte einigen sich auf die Entlassung aller deutschen Kriegsgefangenen bis zum 31. Dezember 1948.
23. Mai 1949	In Bonn wird der Verfassungsentwurf (Grundgesetz) unterzeichnet, den die verfassungs-

	gebende Versammlung ausgearbeitet hatte.
5. Mai 1951	Die BRD wird vollberechtigtes Mitglied des Europarates.
14. Juni 1951	Bundeskanzler Doktor Konrad Adenauer begibt sich zu einem offiziellen Besuch nach Italien. Es ist der erste Staatsbesuch eines deutschen Regierungschefs nach dem Krieg im Ausland.
14. Sept. 1951	Die alliierten Hochkommissare werden beauftragt, zusammen mit der Bundesregierung ein neues Vertragsverhältnis auszuarbeiten.
5. März 1952	Bundeskanzler Konrad Adenauer fordert eine europäische Verfassung.
14. Aug. 1952	Die BRD tritt der Weltbank und dem Internationalen Währungsfonds bei.
23. Okt. 1954	Unterzeichnung des deutsch-französischen Abkommens in Paris über die Saar; Verträge und Protokolle über die Aufhebung der Besatzung in der BRD und deren Einbeziehung in die westeuropäische Union sowie über ein Kulturabkommen.
5. Mai 1955	Verleihung der Souveränität an die BRD; Ende der Besat-

	zung, Auflösung der alliierten Hochkommission.
23. April 1957	Bundeskanzler Dr. Adenauer empfängt den sowjetischen Botschafter Smirnow, den er um Aufklärung bittet, wie einander widersprechende Äußerungen der Sowjetregierung in einem Schreiben an Macmillan und in anderen offiziellen Stellungnahmen betreffend Deutschlands Einbeziehung in die NATO miteinander zu vereinbaren seien.
5. Juli 1957	Mit großer Mehrheit stimmt der deutsche Bundestag den Verträgen über den Gemeinsamen Markt und Euratom zu.
14. Sept. 1958	In Colombey-les-Deux-Eglises bekunden Adenauer und de Gaulle ihren Willen zur engen Zusammenarbeit der BRD und Frankreich.
23. April 1963	Bundeswirtschaftsminister Professor Ludwig Erhard wird von der CDU/CSU-Bundesfraktion mit 159 gegen 47 Stimmen als Nachfolger für Bundeskanzler Konrad Adenauer nominiert.
14. Juni 1963	Annahme des deutsch-französischen Freundschaftsvertrages durch die französische Nationalversammlung.

23. Juni 1963	Beginn des Staatsbesuches von US-Präsident John F. Kennedy in der BRD; gemeinsames Kommuniqué, in dem sich beide Regierungen aufs neue verpflichten, für das Recht der Selbstbestimmung und für die Wiedervereinigung Deutschlands in Frieden und Freiheit einzutreten.
5. Mai 1965	Die Bundesregierung stimmt der Aufnahme voller diplomatischer Beziehungen zu Israel zu.
14. Okt. 1968	Bundespräsident Heinrich Lübke kündet seinen vorzeitigen Rücktritt zum 30. Juni 1969 an. Als Präsidentschaftskandidaten nominiert die SPD Bundesjustizminister Dr. Gustav Heinemann.
5. Juli 1972	Unterzeichnung des deutsch-sowjetischen Handelsabkommens, das unter Einbeziehung West-Berlins eine Ausweitung des deutsch-sowjetischen Handels vorsieht.
14. Sept. 1972	Die BRD und Polen nehmen diplomatische Beziehungen auf.
14. Dez. 1972	Der deutsche Bundestag bestätigt Bundeskanzler Willy Brandt mit 269 gegen 223 Stimmen in seinem Amt.

Wer mag nach diesen Beispielen noch an Zufall glauben? Die Reihe ließe sich beliebig weiterführen.

ZAHLEN UND IHRE ENTSPRECHUNGEN

ZAHLEN – PLANETEN,
WOCHENTAGE UND TIERKREISZEICHEN

In der Kabbalistik und der Numerologie werden die neun Grundzahlen entsprechenden Planeten, Wochentagen, Monaten und Tierkreiszeichen zugeordnet. Ein wesentlicher Unterschied zur Astrologie ergibt sich dadurch, daß Kabbalistik und Numerologie die Geburtszahl des Menschen einem Planeten und den entsprechenden Wochentagen zuordnen, während die Astrologie das Tierkreiszeichen mit dem entsprechenden Planeten und der zugehörigen Zahl in Verbindung bringt. So kann es sein, daß sich zwischen numerologischer und astrologischer Zuordnung erhebliche Unterschiede ergeben.

Ist zum Beispiel eine zu berechnende Person am 22. März geboren (siehe nachfolgende Tafel), so gehört sie numerologisch gesehen zu den Vierern ($2 + 2 = 4$, errechnet aus dem 22., der Geburtstagszahl), astrologisch gesehen aber zu den Neunern (Tierkreiszeichen Widder). In einem solchen Fall sprechen wir von „Vierneunern", wobei die 4 an erster Stelle bei der numerologischen Berechnung steht, die 9 aber ebenfalls bei den schicksalsmäßigen Wochentagen zu berücksichtigen ist. Dabei ist immer zu untersuchen, ob die numerologisch und die astrologisch ermittelten Zahlen miteinander harmonieren oder sich abstoßen (vgl. Tabelle im Abschnitt *Partnerwahl und Freundschaft* dieses Buches).

Ist die zu berechnende Person am 28. Juli geboren, so ergibt sich eine vollkommene Übereinstimmung, denn Geburtstagszahl 1 (2 + 8 = 10 = 1) und Tierkreiszeichenzahl 1 (Löwe) sind gleichlautend. Weniger günstig ist allerdings, wenn die Zahlenkombination 4 — 8 vorkommt, wenn also zum Beispiel jemand am 4. Januar geboren ist (Geburtstagszahl 4, Tierkreiszeichenzahl 8).

Die zugeordneten Wochentage sind dann besonders günstig, wenn sie auf die entsprechenden Glückstage eines jeden Monats (vgl. Abschnitt *Glückstage und Glückszahlen* dieses Buches) fallen und darüber hinaus noch in der Zeit des eigenen Tierkreiszeichens liegen. Eine am 28. (1) Juli (1) geborene Person kann sich glücklich schätzen, wenn zum Beispiel in einem Jahr der 28. Juli auf einen Sonntag fällt. Dieser Tag wird für alle ihre Vorhaben und Unternehmungen, die dann begonnen werden, besonders günstig sein.

Planetensymbole

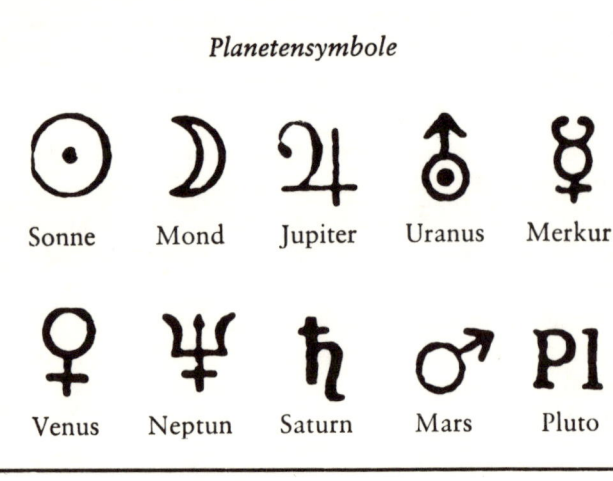

Sonne   Mond   Jupiter   Uranus   Merkur

Venus   Neptun   Saturn   Mars   Pluto

Planeten- und Tierkreissymbole

Widder
21. März bis 20. April

Widder

Stier
21. April bis 20. Mai

Stier

Zwillinge
21. Mai bis 21. Juni

Zwillinge

Krebs
22. Juni bis 22. Juli

Krebs

Löwe
23. Juli bis 23. August

Löwe

Jungfrau
24. Aug. bis 23. Sept.

Jungfrau

Waage
24. Sept. bis 23. Okt.

Waage

Skorpion
24. Okt. bis 22. Nov.

Skorpion

Schütze
23. Nov. bis 22. Dez.

Schütze

Steinbock
23. Dez. bis 20. Jan.

Steinbock

Wassermann
21. Jan. bis 18. Februar

Wassermann

Fische
19. Februar bis 20. März

Fische

Widder

Stier

Zwillinge

Krebs

Löwe

Jungfrau

Waage

Skorpion

Schütze

Steinbock

Wassermann

Fische

Geburtstagszahl	Planetenbeherrscher	Tierkreiszeichen	Günstige Wochentage
1	Sonne	Löwe 21. 7. — 20. 8.	Sonntag, Montag
2	Mond	Krebs 21. 6. — 20. 7.	Montag, Sonntag, Freitag
3	Jupiter	Schütze 21. 11. — 20. 12.	Donnerstag, Freitag, Dienstag
4	Uranus	Wassermann 21. 1. — 18. 2.	Samstag, Sonntag, Montag
5	Merkur	Zwillinge 21. 5. — 20. 6.	Mittwoch, Freitag
	Merkur	Jungfrau 21. 8. — 20. 9.	Mittwoch, Freitag
6	Venus	Stier 20. 4. — 20. 5.	Freitag, Dienstag, Donnerstag
	Venus	Waage 21. 9. — 20. 10.	
7	Neptun	Fische 19. 2. — 20. 3.	Donnerstag, Montag
8	Saturn	Steinbock 21. 12. — 20. 1.	Samstag, Sonntag, Montag
9	Mars	Widder 21. 3. — 19. 4.	Dienstag, Donnerstag, Freitag
	Pluto	Skorpion 21. 10. — 20. 11.	

ZAHLEN – METALLE UND FARBEN

eit alten Zeiten haben sich die Magier aller großen Kulturvölker mit den Entsprechungen von Planeten, Tierkreiszeichen, Wochentagen, Elementen, Metallen, Farben, Edelsteinen, Krankheiten und Zahlen beschäftigt.

Wie wir schon beim Pentagramm gesehen haben, symbolisiert dieses Geheimzeichen nach den Vorstellungen der Weisen die fünf Elemente: Erde, Wasser, Luft, Feuer und schließlich die Weltseele oder Quintessenz. Diesen entsprachen fünf Grundfarben: Blau, Grün, Gelb, Rot und Weiß. Der Alchemist schließlich arbeitete vor allem mit vier Metallen: Quecksilber, Kupfer, Zinn und Gold, um schließlich zum fünften „Metall" zu kommen, dem Stein der Weisen. Als Ersatz dafür setzen wir heute das Platin. Diesen Elementen, Grundfarben und Metallen entsprechen in der Reihenfolge die Zahlen: 4, 6, 3, 1 und 7. Ordnen wir nun alle Entsprechungen in der üblichen Zahlenfolge an, so ergibt sich:

1 — Feuer — Rot — Gold.
3 — Luft — Gelb — Zinn.
4 — Erde — Blau — Quecksilber.
6 — Wasser — Grün — Kupfer.
7 — Quintessenz — Weiß — Stein der Weisen (Platin).

Aus dieser Zuordnung wird besonders deutlich, daß der „heiligen" Zahl 7 eine hervorragende Bedeutung zukommt. Die übrigen Zah-

len und ihre Entsprechungen müssen also so um
den Mittelpunkt 7 angeordnet werden, daß sich
daraus ein logisches System ergibt. Das ist nun
bei folgendem magischen Quadrat der Fall:

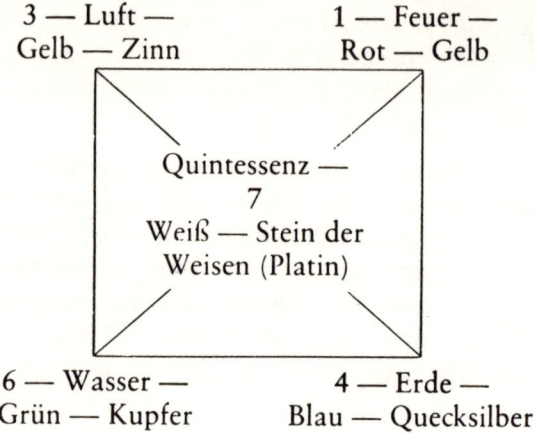

3 — Luft —   1 — Feuer —
Gelb — Zinn   Rot — Gelb

Quintessenz —
7
Weiß — Stein der
Weisen (Platin)

6 — Wasser —   4 — Erde —
Grün — Kupfer   Blau — Quecksilber

Gehen wir den Diagonalen nach, so ergibt
sich: $3 + 4 = 7$ und $1 + 6 = 7$, addieren wir
aber die 7 jeweils dazu, so ergibt sich:
$3 + 7 + 4 = 14 = 1 + 4 = 5$ und $1 + 7 + 6$
$= 14 = 1 + 4 = 5$. Fünf aber ist die geheimnisvolle mystische Zahl, die Zahl der 5 Elemente,
der 5 Grundfarben und der 5 Metalle der Alchemisten.

Seit Jahrtausenden ist die Yogalehre darauf
aus, den Menschen dazu zu bringen, die sogenannten Chakras, d. h. Kraftzentren, die jeder
Mensch besitzt, zu entwickeln, denn nur so kann
eine Höherentwicklung des Menschen gewähr-
leistet sein. Hellsichtige Menschen können angeblich diese Chakras sehen, denn sie berichten
übereinstimmend von Farben und Formen – und

zwar in der Reihenfolge 4 — 6 — 1 — 3 — 7. Bei den Formen wird berichtet, daß sie wie eine mehrblättrige Blüte aussehen. Die Anordnung von unten nach oben entspricht dabei der Chakraanordnung im menschlichen Körper in ansteigender Blattzahl.

Diese uralten Weisheiten sind als Text in der Sprache Sanskrit niedergelegt. Interessant ist, daß das gesamte Sanskritalphabet sich in einer Matrix, einer heute in der Atomphysik und Mathematik üblichen Form, schreiben läßt. Nun hat man jedem der einzelnen Blütenblätter eines Chakras ganz bestimmte Laute zugeordnet, wobei alle Laute das gesamte Sanskritalphabet bilden. So findet man häufig Abbildungen, in denen auf jedem Blatt einer Chakrablüte diese Laute aufgeschrieben sind. Diese Gesetzmäßigkeit ist die Grundlage der gesamten Kundalini-Yogalehre.

In der Matrix des Sanskritalphabets sind nun bestimmte Bereiche den einzelnen Chakras zuzuteilen, denn jedes Chakra hat ja eine andere Blatt- und damit Lautanzahl. In der Zuordnung sieht das so aus:

Chakra	Element	Blattzahl
Wurzel	Erde	4
Milz	Wasser	6
Nabel	Feuer	10 $(= 1 + 0 = 1)$
Herz	Luft	12 $(= 1 + 2 = 3)$
Hals	Akasha (Äther)	16 $(= 1 + 6 = 7)$

Vergleichen wir unser magisches Farbquadrat mit den Messungen der Physik, so erkennen wir folgende Logik: Die additive Mischung von Farben, die jeweils im Quadrat gegenüberliegen, ergibt stets für unser Auge den Eindruck „Weiß". Schickt man nämlich einen gelben und einen blauen Lichtstrahl so auf eine Leinwand, daß diese sich überlappen, dann sehen wir an dieser Stelle Weiß. Zum gleichen Ergebnis kommen wir, wenn Rot und Grün aufeinanderprojiziert werden.

Der mittlere Wert, Weiß, in unserem magischen Quadrat entspricht wiederum dem Zahlenwert für das Akasha-Chakra – und Akasha wird als der höchste in der Natur vorkommende Zustand angesehen. Alles und jedes soll aus diesem Akasha bestehen und gleich dem sein, was die Religionen mit Gott bezeichnen. Weiß ist demnach also die Farbe des Göttlichen.

Die okkulten Wissenschaften haben diese Entsprechungen weiter ausgebildet, wobei sich folgende Entsprechungstabelle ergibt:

Geburts-tagszahl	Metalle	Farben
1	Gold	Rot, Orange, Gold-braun, Gelb
2	Silber	Alle grünen Nuancen, Hellgelb, Hellgrau
3	Zinn	Gelb, Violett, Lila, Purpur, Blau, Rot
4	Blei Aluminium	Blau, Braun, Grau, Rosa, Nilgrün
5	Quecksilber Bronze	Hellgrau, -gelb, -blau, -orange, Weiß

Geburts-tagszahl	Metalle	Farben
6	Kupfer	Grün in allen Nuancen, Blau, Rosa, Orange
7	Platin Zinn	Weiß, Violett, Smaragdgrün, Braun, Gelb
8	Blei	Dunkelgrün, -blau, -braun, Purpur, Schwarz
9	Eisen Nickel, Kobalt	Rot, Orange, Rosa, Rotviolett, Rotbraun

Die zugeordneten Metalle und Farben gelten nach der magischen Entsprechungslehre als besonders glückbringend und vorteilhaft. Planetenamulette als Beschützer oder Glücksbringer sollten aus den entsprechenden Metallen gefertigt werden.

ZAHLEN UND EDELSTEINE

delsteine gelten seit uralten Zeiten in der Magie als besondere Glücksbringer des Menschen. Sie können die kosmische Strahlung aus dem All aufnehmen, ablenken, zerstreuen oder auch konzentrieren. Hedy Brusius schreibt in ihrem Buch *Edelsteine bringen Glück* (Genf 1975):

„Der Schluß liegt nun nahe, daß ein Edelstein, also ein besonderer Stein mit Kristallgitter, sich in bezug auf die kosmischen Strahlen, die uns treffen, im Sinn der Konzentration oder der Diffusion betätigen kann. Ein Edelstein vermag die Zahl der besonderen kosmischen Strahlen zu vergrößern oder zu vermindern – je nachdem, welchen Edelstein wir als Reflektor oder als Anziehungsinstrument wählten. Sind die kosmischen Strahlen für den normalen Ablauf unserer seelischen und körperlichen Vorgänge unerläßlich bzw. verantwortlich, dann müßte jede Erschütterung des Gleichgewichtes sich in einem guten oder bösen Sinn auswirken.

Haben wir einen Edelstein in unserer Nähe, in unserer Tasche, auf unserem Körper, der kosmische Strahlen zu konzentrieren, gewissermaßen zu uns heranzuziehen vermag, dann wird das bisherige normale Gleichgewicht gestört und im guten oder ungünstigen Sinn beeinflußt.

Biophysikalische, physiologische und parapsychologische Forschung ist auf Grund von Kontrolluntersuchungen zu dem Schluß gelangt, daß zumindest die nachstehenden Wirkungen von Edelsteinen auf den Menschen und seinen Körper bzw. seine Seele als Tatsachen hingenommen werden müssen:

○ Steigerung oder Verminderung der Willenstätigkeit, also Anregung oder Lähmung der Initiative.

○ Anfälligkeit für gewisse Krankheiten, die durch den betreffenden Stein vermindert oder vergrößert wird.

○ Verstärkte Konzentration des Menschen im Sinn der Fassung von Entschlüssen, die sich zum Guten oder Bösen der bestrahlten Person auswirken können."

Entsprechend den Planeten und übrigen Zuordnungen können wir folgende Tabelle der Glückssteine aufstellen:

Geburtstagszahl	Wirksame Glückssteine
1	Diamant, Chrysoberyll, Rubin, Bergkristall, Goldtopas, Tigerauge, Bernstein
2	Mondstein, Smaragd, Perle, Chrysopras, Aventurin, Opal
3	Saphir, Lapislazuli, Türkis, Chalzedon, Topas, Chrysolith
4	Aquamarin, Amethyst, Türkis, Falkenauge, Granat, Zirkon
5	Edeltopas, Saphir, Chalzedon, Goldberyll, Tigerauge, Achat, Karneol, Aquamarin, Jaspis, Nephrit

Geburtstagszahl	Wirksame Glückssteine
6	Hyazinth, Saphir, Karneol, Rosenquarz, Achat, Smaragd, Turmalin, Padparadscha, Topas, Opal, Koralle, Lapislazuli, Aquamarin
7	Amethyst, Koralle, Saphir, Chrysolith, Mondstein
8	Spinell, Onyx, Chrysopras, Rubin, Katzenauge, Malachit
9	Rubin, Granat, Blutstein, Karneol, Amethyst, Diamant, Sard-Onyx, Topas, Turmalin

ZAHLEN UND KRANKHEITEN

ine alte magisch-okkulte Weisheit besagt, daß Krankheiten nur durch falsches Denken entstehen. Das ist sicher nicht unrichtig. Wenn wir uns falsch ernähren – um ein Beispiel zu nennen – und dadurch krank werden, so haben wir zuerst einmal falsch gedacht, denn erst der Gedanke läßt die Tat entstehen; also: weil wir falsch gedacht haben, haben wir uns nicht richtig ernährt, deshalb sind wir krank geworden. Trinken wir eine Flasche Schnaps im Glauben, daß uns der Alkohol nicht schaden würde, werden wir aber von der Unmenge krank, so haben wir falsch gedacht, denn solche Mengen Alkohol können dem Organismus nicht bekommen.

Dieses falsche Denken liegt einmal an unserer karmischen Belastung (errechnete Namenszahl) als auch an der kosmischen Beeinflussung (errechnete Geburtstagszahl); denn unser ganzes Denken und Handeln wird von unserer karmischen und kosmischen Mitgift beeinflußt und bestimmt. So werden die willensstarken Einertypen seltener krank als die zartfühlenden Zweiertypen. Das heißt natürlich nicht, daß die Einer nicht schwerer erkranken können als die Zweier; denn auch sie können ja einem falschen Denken unterliegen, indem zum Beispiel ihr Ehrgeiz sie treibt, mehr zu arbeiten als ihr Organismus verkraftet. Vernünftige *Gedanken* bei gezieltem *Willen* und umgesetzter *Tat* führen erst zu einem positiven Ergebnis.

Die kosmischen Einflüsse, die Einwirkung von Strahlungen und Schwingungen auf den menschlichen Organismus sind unbestritten. Karmische und kosmische Zahlenwerte bestimmen weitgehend die Infektionsbereitschaft des einzelnen gegenüber gewissen Krankheiten und seine Anfälligkeit für organische Störungen. Wer aber um solche Gefahren weiß, der kann sich auch besser und wirkungsvoller gegen die entsprechenden Krankheiten schützen und ihnen vorbeugen.

Die nachfolgende Entsprechungstabelle gibt Auskunft über die Krankheitsdispositionen der einzelnen Zahlentypen.

Zahlentyp	Krankheitsdispositionen
1	Herz- und Kreislauf sowie die großen Blutbahnen sind gefährdet; nervöse Herzstörungen, Angina pectoris, Gefährdung von Rücken, Rückenmark und Rückenmuskulatur.
2	Magen-, Leber- und Gallenleiden haben meist seelische Ursachen; nervöse Überempfindlichkeit, Zuckerkrankheit, Gelbsucht, Darmkrankheiten.
3	Gefährdet ist vor allen Dingen das gesamte Nervensystem; Rheuma, Gicht, Migräne, nervöse Kopfschmerzen und Herzbeschwerden; Prellungen, Blutergüsse und Brüche, vor allem im Bereich von Hüften und Oberschenkel; Ischias- und Muskelbeschwerden.

Zahlentyp	Krankheitsdispositionen
4	Gefährdet sind besonders die Beine vom Knie bis zum Fußknöchel; Krampfadern, Venenleiden, Geschwüre, Entzündungen, Überfunktion der Schilddrüse, schlechte Blutzirkulation, nervöse Herzbeschwerden, Neigung zu Hysterie, zu Kopfschmerzen und Depressionen.
5	Gefährdet sind vor allem die Atmungsorgane und das Nervensystem sowie der Verdauungstrakt; Bronchitis, Lungenentzündung, Lungenkrebs; Erkrankungen der Schultern, der Arme; Tuberkulose, Asthma, Darm-, Leber- und Gallenblasenerkrankungen, Blasen- und Nierensteine.
6	Besonders empfindlich sind Hals, Kehle, Schulter, Nieren, Harnwege und die Blutgefäße; Rheuma, Überfunktion der Schilddrüse, Mandelentzündungen, Fettleibigkeit, Stoffwechselstörungen, Blasen- und Nierensteine, Gallenkoliken, nervöse Magenbeschwerden, Kreislaufstörungen, Bluthochdruck.
7	Nerven, Blut, Füße und Knöchel sind vor allem gefährdet; Neurosen, nervöse Beschwerden aller Art, Muskelverspannungen, perniziöse Anämie, Tuberkulose, Ödeme, Krampfadern, Mikrobeninfektionen,

Zahlentyp	Krankheitsdispositionen
	angeborene Anomalien der Füße (eingewachsene Nägel, Platt-, Spreizfüße).
8	Erkrankungen des gesamten Knochensystems, Steinkrankheiten, auch Rheuma, Gicht, Kalkmangel, Erkältungen, verschiedene Nahrungsmittelallergien, Magenleiden, Arterienverkalkung.
9	Gefährdet sind Kopf, Gesicht, Kiefer, Zähne und Unterleibsorgane; Migräne, erhöhter Blutdruck, chronischer Schnupfen, Augen-, Ohren- und Nasenleiden, Kahlköpfigkeit; Empfindlichkeit der Unterleibs- und Fortpflanzungsorgane, Blasenleiden, Neigung zu Infektionskrankheiten und zu Verletzungen.

Jeder Mensch kann sich durch vorbeugende Maßnahmen vor den erwähnten Krankheiten schützen – einerseits indem er vernünftig denkt und handelt, anderseits indem er die für ihn richtigen, d. h. günstigen Amulette und Edelsteine als Talismane benutzt.

ZAHLEN UND MUSIK

er Charakter- und Wesensart der einzelnen Zahlentypen entspricht auch eine spezifische Richtung der Musik. Den kosmischen Schwingungen entsprechen auf geheimnisvolle Weise melodische Rhythmen. Die Magier und Ärzte des Altertums heilten viele Krankheiten durch Musik.

Wir alle haben schon einmal ein „musikalisches Erlebnis" gehabt und dabei festgestellt, daß ein ganz bestimmtes Musikstück, das wir bei einer besonderen Gelegenheit gehört haben, einen tiefen Eindruck auf uns gemacht hat – und uns auch später immer wieder berührt. Das, was schon alte Kulturvölker vor mehreren tausend Jahren wußten, wurde heute von der modernen Wissenschaft wiederentdeckt: die therapeutische Wirkung von Musik. Mit diesem interessanten Gebiet beschäftigt sich vor allen Dingen das Musiktherapeutische Institut der Herbert-von-Karajan-Stiftung an der Universität Salzburg.

Schon die Bibel berichtet, daß König Saul durch Harfenspiel von seinen Depressionen geheilt wurde. Die Pythagoreer der Antike versuchten mit Musik Gleichgewicht und Proportionen zu schaffen, während die Griechen den Orchester- und Flötenspielern bei Strafe untersagten, gewisse Tonarten zu spielen, weil diese angeblich die Jugend schlecht beeinflussen würden. Die alten Chinesen wiederum erfanden ein teuflisches Folterinstrument: Todeskandidaten wurden solange mit Vibrationstönen „beschossen" und gequält, bis sie ihr Leben aushauchten.

Natürlich kennen wir die Wirkung von Musik auf unsere Seele und ihre Beeinflussung auf unsere Stimmungen. Musik kann uns fröhlich, wach und aktiv machen; sie kann uns wehmütig und traurig stimmen, aber auch nervös machen und uns bis an die Grenze des Wahnsinns treiben.

Zahlentypen	Musikentsprechungen
1, 3, 9	Bevorzugt werden belebende und marschartige Musikstücke.
2, 7	Einschmeichelnde, zärtliche und romantische Musik, auch sentimentale Werke. Bevorzugte Musikinstrumente: alle Streichinstrumente, vor allem Violine, aber auch Cello, Harfe und Flöte.
4, 8	Orgel- und Kammermusik, wie überhaupt alle klassischen Werke, melancholische und getragene Weisen wie auch mystisch-hintergründige Musik.
5	Eigenwillige Musik wird besonders geschätzt: orientalische und slawische Weisen, Jazz, Zwölftonmusik – aber auch leichte Unterhaltungsmusik.
6	Rhythmische Musik mit romantisch-erotischen Elementen neben lieblichen, fröhlichen und flotten Weisen.

Zahlentypen	Musikentsprechungen
1, 4	Ton: d
2, 7	Ton: h
3	Ton: g
5	Ton: e
6	Ton: a
8	Ton: f
9	Ton: c

EXKURS

ZAHLEN IN TRÄUMEN

orahnungen im Traum sind keine Seltenheit. Sie haben Schicksale beeinflußt, bestimmt und zerstört, manchmal sogar den Lauf der Geschichte geändert. Man könnte zahlreiche Fälle zitieren, angefangen mit dem Mord an Julius Cäsar, den seine Frau im Traum erlebte, oder mit dem Fall von Troja, den die Seherin Kassandra voraussagte. Eine Französin prophezeite den Vulkanausbruch des Berges Pelée auf Martinique. Ein Amerikaner hörte im Traum eine Stimme, die ihn vor einem Flug warnte. Er flog nicht — aber die Maschine explodierte kurz nach dem Start.

Durch einen merkwürdigen Traum wurde das Ehepaar Elise und Gabriel Schwertzler aus Lyon an einem Sonntag zweifacher Millionär in französischen Franken. Frau Schwertzler berichtete darüber:

„Es waren die Zahlen 14—15—18, immer in der gleichen Anordnung, die flimmernd im Traum auf mich zukamen. Ich wollte mich wehren und wegsehen, aber ich war gegen das Traumbild machtlos. Die Zahlen stachen aus dem Dunklen deutlich hervor, groß und eindringlich, wurden dann kleiner, um plötzlich wieder in gleißendem Licht zu erscheinen.

Dann war der Morgen da. Ich erwachte und fühlte mich zerschlagen. Ich konnte mich gut an den Traum und die Zahlen erinnern, obwohl sie mir nichts sagten. Beim Frühstück erzählte ich meinem Mann die Geschichte und meinte

mehr scherzhaft: ,Weißt du, ich glaube ja nicht
daran, aber spiel die drei Nummern doch beim
Pferderennen. Man kann nie wissen.'

Aber das Pferderennen fiel an diesem Tag
wegen des schlechten Wetters aus. Mir kam es
wie eine Herausforderung vor. Ich war plötzlich
bereit, alles auf eine Karte zu setzen.

,Mach doch lieber 20 statt 10 Spiele', sagte ich
am Sonntag darauf zu meinem Mann. Der Einsatz schien ihm zwar hoch, aber er erfüllte meinen Wunsch.

Am Nachmittag saßen wir dann mit den Kindern vor dem Fernseher. Es ging um den Preis
des Präsidenten der Republik. Beim Start klopfte
mein Herz zum Zerspringen. Minuten vergingen.
Die Spannung wuchs. Meine Kehle war wie zu-
geschnürt. Meine Handflächen wurden feucht.
Das Ziel ... Es war unglaublich. Meine Zahlen
14, 15 und 18 gewannen."

Bis jetzt ist es keinem Wissenschaftler gelun-
gen, diese Vorahnungen in Träumen zu erklären.
Sie werden als Phänomen anerkannt, mehr aber
auch nicht. Durch welche geheimnisvollen Me-
chanismen beeinflußt dieser sechste Sinn aber
Menschen, die keine Ahnung von außersinnlicher
Wahrnehmung haben und normalerweise für
parapsychische Vorgänge nicht empfänglich sind?

Erstaunlich an der Geschichte ist nur, daß
Frau Schwertzler die ihrem Unterbewußtsein
übermittelte Nachricht aufgegriffen hat, daß sie
sich an die von einer unbekannten „Macht"
diktierten Zahlen geklammert hat. Oft werden
uns solche Nachrichten im Schlaf vermittelt; aber

wir sind nicht fähig, sie aufzunehmen, da der ausstrahlende Sender zu schwach ist.

Ludwig Paneth hat den Traumzahlen und ihrer Bedeutung ein ganzes Buch gewidmet *(Zahlensymbolik im Unbewußtsein)*. Eine geträumte Zehn kann Zähne oder Zehen bedeuten, eine Acht über einer Sechs mahnt: Gib acht auf deine Sexualität. Die Zwei bedeutet eine Ente, die Fünf mit einem aufgeschwollenen Unterteil eine schwangere Frau.

Der Dichter Heinrich Heine schreibt:

„Da ging eine krummbeinige Zwei neben einer fatalen Drei, ihrer schwangeren und vollbusigen Frau Gemahlin. Dahinter ging Herr Vier auf Krücken. Einherwatschelnd kam eine fatale Fünf, rundbäuchig mit kleinem Körperchen. Dann kam eine wohlbekannte kleine Sechs, und eine noch wohlbekanntere böse Sieben ..."

Paneth zitiert Stekel *(Die Sprache des Traumes*, Wien 1911) und faßt zusammen:

„Der Einser geht besonders häufig auf den religiösen Komplex. Gott Vater! Es gibt nur einen Gott. Bei allen Zahlen spielen religiöse Vorstellungen eine große Rolle. Besonders (Traum-)Zahlen auf Tafeln gehen häufig auf die zehn Gebote. Der Einser ist aber auch der Tod. Auch $\frac{1}{2}$ hat eine besondere Bedeutung; meistens die Hälfte, die Mitte.

Die Zwei kann das Paar bedeuten, das Symbol der geschlechtlichen Vereinigung.

Die Drei als dreieckiges Verhältnis in der gewöhnlichen Sprache verwendet, ist auch befähigt, ein solches im Traum darzustellen: das Kind, das beim Paar der Eltern den Dritten spielen möchte; eine Symbolik, die sich durch 3 oder 13 ausdrücken kann.

In mehreren von mir genau analysierten Träumen war der Vierer der Verführer. Diese Verführungsphantasie tritt dann immer in Verbindung mit einer zweiten Zahl, zum Beispiel mit der 1 als 41 oder mit der 0 als 40 auf, je nachdem, ob es sich um einen Mann oder um eine Frau handelt. Die wichtigste Bedeutung erhält der Vierer aus den zehn Geboten. Der Neurotiker kommt am häufigsten mit dem vierten Gebot in Konflikt: Ehre Vater und Mutter, auf daß es dir wohl ergehe auf Erden. Wenn der Teufel als der Vierer, der Verführer, erscheint, so rät er eben, sich gegen das Gebot aufzulehnen.

Die Fünf bedeutet besonders häufig die fünf Finger und verraten Onanie. Eine andere hochwichtige Bedeutung (das fünfte Gebot): Du sollst nicht töten! Eine Dame mußte immer die Zahl 45 aussprechen. Sie bedeutete: Gravidität (4 + 5), aber auch das vierte und fünfte Gebot. Sie wollte ihre Mutter töten.

Die Sechs hat, abgesehen von der Beziehung zur Hexe, allein keine so große symbolische Bedeutung. Selbstverständlich darf man auch das sechste Gebot (Unkeuschheit) nicht vergessen.

Sieben stellt gewöhnlich eine alte oder böse Frau vor, die ja ein bekanntes Todessymbol ist. Sieben bedeutet auch Unglück, Lüge und Falschheit, Diebstahl und das siebte Gebot: Du sollst nicht stehlen. Aber auch Hochzeit und Glück.

Magische Zahlenquadrate auf einem Flugblatt von
Philippus Theophrastus Paracelsus von Hohenheim
(1493–1541).

Kupfer aus dem 16. Jahrhundert.
Wien, k. k. Kupferstichsammlung.

Die Acht kommt sehr häufig in einer sonderbaren symbolischen Verwendung vor: sich in acht nehmen. Ein Fußfetischist träumte wiederholt von der Zahl 18. Das hieß dann: Hab acht auf die Zehen, was er im Leben auch immer tat.

Die Neun bezieht ihren größten affektiven Wert aus dem Umstand, daß das Kind nach neun Monaten zur Welt kommt.

Zwölf ist die Zahl der Intimität (Dutzend — Duzen); aber auch Kindersegen (ein Dutzend Kinder).

Die 13 als die Unglückszahl — ein solcher Aberglaube muß wie jeder Aberglaube einem tiefen Schuldbewußtsein entsprechen. Man fürchtet nur ein Unglück, wenn man eins gewünscht hat. Nun haben wir den rätselhaften Vierten wiederholt als den Tod entschleiern können und dabei die Erklärung gegeben, der Vierte solle aus Dreien Zwei machen. Es ist die typische Einstellung des Kindes seinen Eltern gegenüber. Das Kind fühlt sich als der benachteiligte Dritte und wünscht einen Teil hinweg, um der Zweite sein zu können. Diesen verbrecherischen Gedanken drückt die Zahl 13 aus. Der Einser ist der Tod, der Dreier die Eltern und das Kind. Der Einser kann die kriminellen Wünsche des Kindes erfüllen."

Einige Deutungsversuche der Traumzahlen weichen von der kabbalistischen Interpretation ab, andere wiederum entsprechen den zahlenmagischen Bedeutungen. Wichtig jedoch scheint vor allem zu sein, daß Zahlen im Traum auch besondere Glückszahlen sein können — ebenso wie bestimmte Lieblingszahlen von Personen. Diese Zahlen dringen aus dem Unterbewußtsein an das Tagbewußtsein und sollten nicht unbeachtet bleiben.

Interessante Beispiele und Erklärungen zu diesem Thema bringt der schon erwähnte Wissenschaftspublizist Hanns Kurth in seinem faszinierenden Werk *Lexikon der Traumsymbole* (Genf 1976).

ZAHLEN UND BIORHYTHMUS

er Berliner Biologe und Arzt Dr. Wilhelm Fließ begründete die wissenschaftlich fundierte Biorhythmik, wobei er herausfand, daß unser Dasein durch ganz bestimmte Rhythmen beherrscht wird. Zu Anfang unseres Jahrhunderts schrieb Dr. Fließ:

„Durch alles Leben geht derselbe Doppelakt, der Rhythmus von 23 und 28 Tagen, nach dessen Ablauf sich der Leib verändert, weil die 23 und 28 Tage plötzlich aus sind. Dieser Rhythmus hat sich so lange seiner Entdeckung entzogen, weil die beiden Perioden sich ineinander verschlingen, so daß scheinbar unregelmäßige Intervalle die Folge sind.

Man denke sich zwei Uhren mit ungleicher Stundenlänge. Jede soll schlagen, wenn der Zeiger das Zifferblatt durchlaufen hat. Sie haben im selben Augenblick ihren Gang angefangen, aber wie ungleich sind die Zwischenräume zwischen den Schlagzeiten! Kennt man nicht die ursprünglichen Stundenlängen, so wird man niemals glauben, daß hier dennoch eine Regelmäßigkeit vorliegt.

Der zusammengesetzte Klang besteht aus Elementartönen, deren jeder völlig gleichmäßige Schwingungen von ganz konstanter Dauer hat. Indem diese Grundtöne sich mischen, geben sie einen scheinbar unregelmäßigen Verlauf der Schwingungskurve. Ebenso scheinbar nur ist die Ungleichförmigkeit im Ablauf des Lebens. Und wie die physikalische Analyse eines Helmholtz die wirre Form jener Klangkurven in die edle Linie der einfachen Töne aufgelöst hat, so hat auch die biologische Analyse zu zeigen vermocht, daß zwei einfache Grundperioden die ganze Mannigfaltigkeit im Lebenslauf decken.

Da sehe ich in des Dichters Otto Ludwig Tagebuch, daß seine schweren rheumatischen Anfälle im Jahr 1840 am 11. und 22. Mai gekommen seien. Am 3. Juni hat dann die erste Besserung eingesetzt und am 19. Juni hat er die Krücken wieder entbehren können. Die Distanzen dieser Daten sind nicht gleichmäßig, denn sie betragen 11, 12, 16 Tage. Aber die Harmonie klingt, wenn wir hören, daß vom ersten Anfall (11. Mai) bis zur ersten Besserung (3. Juni) genau 23 Tage verflossen sind, und vom zweiten Anfall (22. Mai) bis zur zweiten Besserung (19. Juni) ebenso genaue 28 Tage.

In unserem Organismus laufen also zwei Perioden von verschiedenem Ausmaß ab. Jedesmal, wenn eine der beiden Lebensuhren schlägt, wenn also in Wirklichkeit eine der beiden Perioden abgelaufen ist, ändert sich unser Leib. Eine Mutter schenkt dann ihrem Kind das Leben. Bei einem anderen Schlag bricht der erste Zahn des Säuglings durch. Nicht zufällig, nicht irgendwann geschieht das alles, sondern zu seiner Zeit, fest bestimmt und vorgesehen.

Es sind drei Charakteristika, die wir herausheben wollen. Erstens, daß die periodischen Änderungen plötzlich auftreten, zweitens, daß den Tagen des periodischen Mißbefindens ein Tag erhöhten Wohlseins vorausgeht. Und drittens, daß die periodischen Tage nicht den einzelnen allein treffen, sondern immer zugleich mehrere nahe Blutsverwandte.

Wir haben von Otto Ludwigs Anfällen gesprochen. Das Wort Anfall drückt schon die Plötzlichkeit aus. Schlaganfall, Krampfanfall, Schmerzanfall sind uns geläufig. Wir haben aber kaum darüber nachgedacht, warum wir überhaupt so plötzlich krank werden können. Ist aber die Zeit von 23 oder 28 Tagen nicht plötzlich aus? Erst wenn die letzte Minute abgelaufen ist, kommt die Änderung, mag sie nun Krankheit oder Genesung heißen, einen Aufstieg oder Abstieg bedeuten.

Nicht nur vom Anfall sprechen wir, sondern auch vom Einfall. Denn auch die erlösenden Gedanken kommen plötzlich. Und es hat Wissenschaftler und Künstler immer in Erstaunen gesetzt, wie plötzlich ihnen die guten Ideen eingegeben werden. Oft, nachdem sie sich lange und vergeblich um die Lösungen bemüht und vielleicht schon resigniert hatten.

Vom Mathematiker Gauß wissen wir den Tag, an dem er morgens sieben Uhr aus dem Bett stieg und das lange gesuchte Induktionsgesetz gefunden hatte. Es war wirklich ein periodischer Tag, denn 262 mal 28 Tage später ist Gauß gestorben. Und Franz Schubert starb 208 mal 23 Tage nach seinem berühmten fruchtbaren 15. Oktober des begnadeten Schaffensjahrs 1815. Bei Gauß sehen wir die 28tägige, bei Schubert die 23tägige Periode am Werk.

Ist denn auch der Tod an einen periodischen Tag gebunden? Gewiß: ‚Schnell tritt der Tod

den Menschen an.' Häufig aus voller Gesundheit
heraus. Ein ‚Schlag' endigt dann unser Leben.
Und selbst wenn es das Ende einer Krankheit
ist, kommt doch die letzte Todesveränderung
plötzlich. Der Tod hat im Dasein einen ebenso
festen Platz wie die Geburt. Und was zwischen
diesen beiden Pforten des Lebens liegt, sind die
einzelnen Schübe des Werdens und Vergehens
an den periodischen Tagen.

Gewöhnlich befinden wir uns nicht besonders
wohl an ihnen, nicht im Vollbesitz unserer
Spannkraft. Zu den periodischen Zeiten sind wir
ungeschickter als sonst. Keine Willenskraft und
kein Training können daran etwas ändern. Desto
aufmerksamer werden Sportler auf ihre Tage zu
achten haben und besondere Leistungen an ihnen
vermeiden. Die Zahl der Unfälle wird sinken,
sobald die Kenntnis ins praktische Leben über-
tragen sein wird.

Und solchen Unglückstagen gehen ganz regelmäßig besonders gute voraus. ‚Wenn dem Esel
zu wohl ist, dann geht er aufs Eis.' Ein tief-
sinniger Spruch. Warum will der Volksmund
nicht, daß man sein Wohlsein rühmt? Weil das
Volk weiß, daß auf den allzu frischen Tag der
müde, auf den allzu gesunden der kranke
kommt.

Notiert man sich die Daten seiner Unglücks-
tage, so erkennt man zu seiner Überraschung
ihre periodische Beziehung und damit die Neben-
sächlichkeit der Gelegenheitsursachen. Nun wird
es auch klar, was die Wendung sagt: Eines *schö-*
nen Tages war er mausetot. Wenn der Todestag
wirklich ein periodischer ist, darf ihm der Auf-

takt des Wohlbefindens nicht fehlen. Und wer weiß nicht, wie oft der Kranke gerade dann stirbt, wenn er und sein Arzt vom Beginn der Genesung überzeugt sind."

Neben dem von Dr. Fließ entdeckten männlichen Rhythmus von 23 Tagen und einem weiblichen Rhythmus von 28 Tagen (der Periode der Frau) entdeckte Prof. Dr. Teltscher in Innsbruck später noch einen dritten Rhythmus, den Intellektrhythmus von 33 Tagen. Zeichnet man diese Rhythmen als Kurven, so kann man an den Schnittpunkten zwischen 23, 28 und 33 Tagen ablesen, daß besonders dann Tendenzen zu Krisen und Anfälligkeit bestehen.

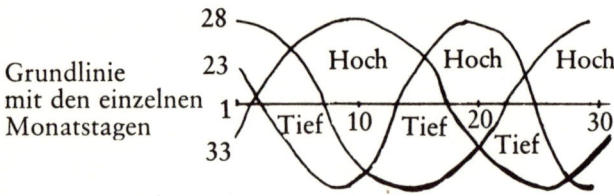

Grundlinie mit den einzelnen Monatstagen

Nach der modernen Biorhythmiklehre bezieht sich der männliche 23-Tage-Rhythmus auf den Willen zur Tat, auf Entschlußkraft, den Glauben an sich selbst und die Energie. Der weibliche 28-Tage-Rhythmus bezieht sich auf das Gefühlsleben, während der geistige 33-Tage-Rhythmus sich auf alles bezieht, was als schöpferisch und erfinderisch gilt, also mit dem Einsatz unseres Intellekts geleistet werden kann.

Alle drei Rhythmenkurven bestehen je zur Hälfte aus einer positiven und einer negativen Hälfte. Demnach sind die 23 Tage der männlichen Rhythmuskurve bis zum $11^1/_2$ Tag positiv und danach negativ; bei der weiblichen sind die ersten 14 Tage positiv, die restlichen negativ. Die geistige Rhythmuskurve hat schließlich $16^1/_2$ Tage ein Hoch und anschließend ebenso viele Tage ein Tief.

Um den Verlauf der eigenen Rhythmenkurven zeichnen zu können, müssen wir einmal die Zahl unserer bisherigen Lebenstage berechnen, zum anderen den Stichtag des männlichen, weiblichen und geistigen Rhythmus festlegen. Hanns Kurth gibt in seinem Buch *Mit Biorhythmik zum Erfolg* ein anschauliches Musterbeispiel:

„Heinz R. ist 40 Jahre alt. Er hat bis heute 40 x 365 Tage gelebt = 14.600 Tage. Dazu kommen zusätzliche Tage aus den Schaltjahren: 10 Tage (jede durch 4 teilbare Jahreszahl bedeutet ein Schaltjahr), also: 14.600 + 10 = 14.610 Tage. Dazu kommen die Tage seit dem letzten Geburtstag (im Kalender nachgezählt, eventuellen Schalttag berücksichtigen): 73 Tage, also 14.610 + 73 = 14.683 Tage.

Diese errechnete Tageszahl wird nun durch die drei Rhythmenzahlen 23, 28 und 33 geteilt. Die Anzahl der überschüssigen Tage, die nach jeder Division verbleiben, ist für die Ausgangslage maßgebend.

Der männliche Rhythmus: 14.683 : 23 = 638 männliche Phasen. Überschuß: 9 Tage. Heinz R. steht im 9. Tag des männlichen Rhythmus.

Der weibliche Rhythmus: 14.683 : 28 = 524 weibliche Phasen. Überschuß: 11 Tage. Heinz R. steht im 11. Tag des weiblichen Rhythmus.

Der intellektuelle Rhythmus: 14.683 : 33 = 444 intellektuelle Phasen. Überschuß: 31 Tage. Heinz R. steht im 31. Tag des geistigen Rhythmus."

Bei zahlreichen Unternehmungen (z. B. bei Fluggesellschaften und großen Industriebetrieben) in den USA werden heute die biorhythmischen Daten aller Mitarbeiter computermäßig gespeichert und weiterberechnet. Eine monatliche Übersicht zeigt die Hoch- und die Tiefphasen jedes einzelnen. An deren besonders kritischen Tagen werden beispielsweise Piloten und Leiter der Flugkontrolle im Tower von anderen Personen abgelöst, deren Kurve eine bessere Tendenz zeigt. Seitdem sind durch menschliches Versagen verursachte Unfälle ganz gewaltig zurückgegangen.

ZAHLEN UND ATEMRHYTHMUS

ie meisten Inder, die längere Zeit in Klöstern lebten, erlernten dort den Atmungsrhythmus nach den Zahlen 1—4—2. Auch zahlreiche europäische Atemsysteme arbeiten mit Zahlenwerten. Man schlägt bestimmte Sekundenzahlen für das Einatmen, andere Werte für die Zurückhaltung der Luft im Brustkorb und schließlich eine Zahl für das Ausatmen vor.

Das älteste Atemrhythmussystem scheint jenes der drei Zahlen 1—4—2 zu sein. Es ist schnell erklärt:

Man soll in einem Zeitwert einatmen, vier Zeitwerte hindurch die Luft anhalten und in zwei Werten ausatmen. Setzen wir z. B. für die 1 einen Grundwert von 6 Sekunden, dann würde dies bedeuten, daß wir langsam 6 Sekunden hindurch einatmen sollen. Verwenden wir diesen Grundwert für die zweite Zahl, dann müssen wir $4 \times 6 = 24$ Sekunden hindurch die Luft in unseren Lungen behalten, um dann $2 \times 6 = 12$ Sekunden lang auszuatmen. Wer schon eine gewisse Praxis in Atemübungen hat, wird solche Zeiten ohne Schwierigkeiten durchhalten können.

Indische Atemspezialisten warnen vor wechselnden Atemzeiten und raten dringend zur Einhaltung bestimmter Rhythmen. Sie behaupten, daß auf diese Weise die besten Resultate erzielt werden könnten — selbst in Fällen, in welchen der Mensch bei großen Anstrengungen nur eine

Sekunde für die Einatmung aufzuwenden ver-
möchte. Dabei soll jeder, je nach seiner Konstitu-
tion und seinen Fortschritten, für sich selbst die
Rhythmen errechnen. Menschen, die ihr ganzes
Leben hindurch nur oberflächlich und flach
atmeten, werden einige Zeit brauchen, um zu
einer regelmäßigen, gleichmäßigen rhythmischen
Tiefatmung zu gelangen.

Im Gegensatz dazu versichert z. B. Shrimant
Partinidhi, Rajah von Aundh:

„Die beste Einteilung für das rhythmische
Atmen ist eine siebentaktige. Zählen Sie bei
jedem Atemzug bis sieben, zuerst in schnellem,
später langsamer werdendem Tempo. Füllen Sie
Ihre Lungen bei ‚eins-zwei‘, halten Sie die Luft
an bei ‚drei-vier-fünf-sechs‘ und entleeren Sie die
Luft bei ‚sieben‘.

Wir meinen natürlich nicht, daß Sie immer
siebentaktig atmen sollen. Wenn Sie es mehr-
mals am Tag insgesamt dreißig Minuten lang
tun, wird es genügen, um Ihre übrige Atmung
entsprechend abzustimmen. Je mehr Sie rhyth-
misch atmen, um so leichter wird es Ihnen fallen, jederzeit richtig zu atmen, ob Sie sich Ihrer
Atmung bewußt sind oder nicht.

Es wird Ihnen ein wundervolles Gefühl der
Selbstbeherrschtheit und der Selbstbewußtheit
verleihen, wenn Sie den Rhythmus der Übungen
in Einklang bringen können. Sie werden von
einem Gefühl des Rhythmus erfüllt sein und
werden sich eins fühlen mit dem großen Rhythmus des Lebens und des Alls.“

Ob wir den Rhythmus 1—4—2 $(1 + 4 + 2 =$ 7$)$ oder den siebentaktigen Rhythmus 2—4—1 anwenden, die Addition der einzelnen Zahlenwerte ergibt immer die Zahl 7, den Wert für das göttliche Akasha-Chakra (vgl. *Zahlen — Metalle und Farben* dieses Buches).

GRUNDZAHL 49
JUNGE ODER MÄDCHEN?

ie alten Inkas bestimmten rechnerisch das Geschlecht eines Kindes vor der Geburt. Ausgangspunkt dabei war die Grundzahl 49 für jede Berechnung. Zu dieser Zahl wurde der Empfängnismonat hinzugerechnet und das Alter der Schwangeren abgezogen. Das Alter wurde dann jeweils auf die nächsthöhere Zahl aufgerundet, wenn der letzte Geburtstag mehr als sechs Monate zurücklag.

Von dem Ergebnis wurde erst 1, dann 2, 3 und so weiter abgezogen, bis eine letzte positive Zahl übrigblieb. War diese Zahl eine gerade, so prophezeite der weise Berater ein Mädchen, war es aber eine ungerade Zahl, so konnte ein Junge erwartet werden.

Beispiel

Geburtstag der Frau: 1. 1. 1948
Empfängnismonat: September 1975

Berechnung:

Grundzahl	49
+ Empfängnismonat (September)	+ 9
Zwischensumme	58
— Alter der Frau (aufgerundet)	— 28
Zwischensumme	30

Nun verfährt man wie beschrieben:

$30 - 1 = 29 - 2 = 27 - 3 = 24 - 4 = 20 - 5 = 15 - 6 = 9 - 7 = 2.$

Die gefundene Zahl ist 2, also gerade. Nach der Berechnung müßte unsere Beispielsperson ein Mädchen bekommen.

Wie bereits einführend gesagt wurde, sind alle ungeraden Zahlen stark und männlich, während alle geraden Zahlen schwach und weiblich sind. Nach diesem Prinzip arbeiteten auch die alten indianischen Numerologen.

Das Prinzip „gerade und ungerade Zahl" scheint aber auch auf unser Wetter zuzutreffen. Der Langzeit-Meteorologe Martin Rodewald aus Hamburg entdeckte, daß die Sommer in Jahren mit ungerader Jahreszahl in der Regel wärmer ausgefallen waren als in Jahren mit geraden Zahlen — so wie der Sommer 1975 oder das sehr gute Weinjahr 1959.

Wassertemperaturmessungen im Fehmarn-Belt belegen das ungerade Hoch: In 12 von 13 ungeraden Sommern seit Kriegsende war das Ostseewasser beträchtlich wärmer als in dem jeweils vorangegangenen geraden Jahr.

Als Ursache dieses „warmen Wechselschrittes" vermuten Meteorologen einen Zyklus auf der Sonne, der eng mit der Entstehung von Sonnenflecken zusammenhängt. Ursache ist also wieder die kosmische Strahlung. Wie stabil die Zweijahresperiode ist, zeigen Vergleiche mit längst vergangenen Sommern: die sieben wärmsten Erntezeiten zwischen 1770 und 1800, zu Goethes Zeiten also, fielen alle in Jahre mit ungeraden Zahlen.

DIE TIEFERE BEDEUTUNG
DER ZAHLEN

DIE GÖTTLICHE EINS

ins ist die Zahl Gottes, denn sie ist unteilbar und ist ein Begriff für das Wesen der Einheit und Einzigartigkeit. Der mittelalterliche Gelehrte und Magier Agrippa von Nettesheim formulierte das so:

„Die Einheit durchdringt jede Zahl. Sie ist allen Zahlen gemeinsames Maß. Sie enthält alle Zahlen in sich vereint, schließt aber jede Vielheit aus. Die Eins ist sich immer selbst gleich und unveränderlich, daher sie auch, mit sich selbst multipliziert, sich selbst wieder zum Produkt hat. Sie ist, wenngleich selbst ohne Teile, teilbar. Sie wird aber durch Teilung nicht in Teile zerlegt, vielmehr in neue Einheiten. Keine dieser Einheiten ist indessen größer oder kleiner als die ganze Einheit, und jeder kleinste Teil ist wieder sie selbst in ihrer Ganzheit."

Die Sonderstellung der Zahl 1 in der Kabbalistik ist einleuchtend, denn für den Menschen ist die Einheit gar nicht vorstellbar. Die erfahrbare Welt ist für ihn vielmehr eine Mehrzahl und existiert für ihn in der Polarität. Gut wird erst zu dem, was es ist, weil es das Böse gibt. Leben wäre nicht vorstellbar ohne den Tod, Glück nicht erfahrbar ohne die Erfahrung des Unglücks, Größe nicht existent, wenn sie nicht an der Kleinheit gemessen werden könnte. Die Zahl 1 aber steht über jeder Polarität und hat kein Bezugssystem, hat also absolutes Sein.

In der Esoterik wird die Gottheit mit Geist gleichgesetzt. Gottheit und Geist aber hat keine

Materie und kann nicht in einer Mehrzahl vorhanden sein.

In seinen Liedern über die Weisheit der indischen Brahmanen sagt der Dichter Friedrich Rückert (1788—1866):

> „So wahr als aus der Eins die Zahlenreihe
> fließt,
> So wahr aus einem Keim des Baumes
> Krone sprießt,
> So wahr erkennst du, daß der ist einzig
> Einer,
> Aus welchem alles ist, und gleich ihm
> ewig keiner."

So ist es auch zu verstehen, warum die Zahlenmagie der Symbolzahl 1 die Eigenschaften „ungerade, eines, ruhend, rechts, gut und stark" zusprach. Die Einzahl 1 ist in jeder Vielzahl enthalten, wie auch aus der Eins durch Addition jede Vielzahl entstehen kann — so wie das Göttliche in allem, was existiert, vorhanden ist. Der Philosoph Plotin (205—270) sagt daher: „Jede Vielheit ist eine Vielheit von Einheiten, setzt also die Einheit an sich voraus." Gott ist also die erste Voraussetzung für alles andere, so wie die Zahl 1 Voraussetzung für alle anderen Zahlen ist.

In der chinesischen Vorstellung ist alles Geschaffene polar und besteht aus Yang und Yin, dem männlichen und weiblichen Prinzip. Darüber aber thront die göttliche Einheit der Eins als das Vollkommene und Absolute, als Symbol für das All.

Heinrich Cornelius Agrippa von Nettesheim
(1486–1535).

Die alte ägyptische Kosmologie besagt, daß im Anfang, als weder Himmel noch Erde geschaffen waren und dichte Finsternis herrschte, das All von *Nun,* dem grenzenlosen Urwasser, erfüllt war. Dieses Urwasser aber barg männliche und weibliche Keime in sich, aus denen die zukünftige Welt geschaffen wurde von dem göttlichen Urgeist, der als Einheit in aller Vielheit enthalten ist.

In der jüdischen Geheimlehre, der *Kabbala,* heißt es von der Eins, der ersten Sephira: „Die erste Sephira, das ist der Geist des lebendigen Gottes, gesegnet sei sein Name!" Eins ist die „Ruach elohim", das ist der Geist Gottes. Ihm ist nichts vergleichbar, denn Gott ist absolut. Im Islam wird deshalb Gott so formuliert: „Gott ist Gott."

Die Eins wird verehrt, aber der erste Tag des Jahres oder Monats muß nicht immer ein glückverheißender sein. So ließen die Indianer — selbst nachdem sie zum christlichen Glauben bekehrt waren — ihre Kinder niemals am Ersten eines Monats taufen.

Die Zahlenmagie aber kennt die Eins als Symbol für einen neuen Anfang und für jegliche Erneuerung. Die der Eins zugeschriebenen Wesenszüge entsprechen denen des Jehova im *Alten Testament* und bedeuten Macht und Herrschaft, schöpferische Kraft und Originalität, Entschlußkraft, Unabhängigkeit, Selbstbewußtsein.

ZWEI ALS SYMBOL DER POLARITÄT

chon im Altertum ist Zwei die Zahl des Weiblichen gewesen. Im Gegensatz zur Eins ist die Zwei „gerade, schwach, links und böse". Das männliche Prinzip, symbolisiert durch die Zahl 1, steht der Gottheit näher als das weibliche der Zahl 2, die ein Symbol des Irdischen ist.

Neugeborene Mädchen im alten Rom erhielten z. B. ihre *zwei* Namen am Tag der dritten Multiplikation von zwei mit sich selbst, d. h. also am achten Tag ($2 \times 2 \times 2 = 8$), während Knaben ihre *drei* Namen am neunten Tag erhielten. Noch heute achten italienische Bauern darauf, daß die Zahl der Tiere in ihrer Schafherde stets eine ungerade ist.

Untersuchen wir die Bedeutung der einzelnen Zahlen einmal näher, so stellen wir fest, daß die ungeraden mehr dem Geistigen und die geraden Zahlen mehr dem Materiellen und Irdischen zugeordnet sind. Eins ist Ich, zwei ist Du. Ich und Du bilden eine Zweiheit, durch die erst das Sprechen in der Anrede und der Erwiderung möglich wird. Schon hier wird der Ansatz deutlich, daß 2 immer etwas Gegensätzliches bedeutet und die Polarität aller Erscheinungen ausdrückt.

In der Schwarzen Magie ist die Zahl 2 unbrauchbar, weshalb immer nur eine oder drei Personen an magischen Experimenten beteiligt sind. So heißt das Hexeneinmaleins in Goethes *Faust* (Hexenküche):

„Du mußt verstehn!
Aus Eins mach Zehn,
und Zwei laß gehn,
und Drei mach gleich,
so bist du reich.
Verlier die Vier!
Aus Fünf und Sechs,
so sagt die Hex,
mach Sieben und Acht,
so ist's vollbracht:
Und Neun ist Eins,
und Zehn ist keins.
Das ist das Hexen-Einmaleins!"

In der Zahlenmagie entsteht niemals aus der Addition 1 + 1 die Zwei, denn das wäre eine Gotteslästerung, da Eins die Zahl des einen Gottes ist und dieser in seiner Doppelung nicht denkbar wäre. Zwei ist also nie eine Summe, sondern immer das Symbol der Gegenüberstellung zweier relativer Einheiten, zum Beispiel Menschen, was sprachlich im Dual als „Wir beide" ausgedrückt wird. Nur aus dieser Polarität zweier gegensätzlicher Kräfte ist der Begriff des „Werdens" zu verstehen, so wie das Produkt aus Mann und Frau das Kind ist.

Im alten China wurde der polare Gegensatz von männlich und weiblich, wie gesagt, durch die Begriffe Yang und Yin ausgedrückt. Eine alte chinesische Weisheit heißt:

„Der Himmel ist Yang, die Erde ist Yin.
Der Tag ist Yang, die Nacht ist Yin.
Der Mann ist Yang, die Frau ist Yin.
Die Erde ist Yang, das Blut ist Yin."

Als kosmische Potenzen erzeugen diese beiden Kräfte durch Wirkung aufeinander das Werden, wobei Yang nicht ohne Yin und Yin nicht ohne Yang denkbar ist; denn es gibt keine Yang-Wirkung ohne ein Yin-Gegenwirkung und umgekehrt. Das ist das Prinzip der vergänglichen Welt.

Yang und Yin symbolisieren das Ja und das Nein, das Aktive und Passive, das Gute und Böse, das Positive und Negative, das Befruchtende und das Befruchtete. Shang Ti, der oberste Herrscher des Himmels, war Yang, seine geistige Ergänzung als Muttergottheit der Erde war Hou Tu und wurde mit dem Yin-Prinzip in Verbindung gebracht. Yang ist auch die Sonne als Quelle des Lichts, der Wärme und der männlichen Kraft, während der Mond als Königin der Nacht das Yin-Prinzip personifizierte.

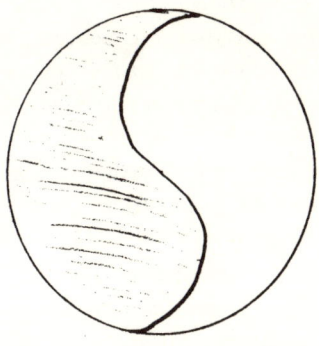

Altchinesisches Symbol für Yang-Yin

Jeder einzelne Mensch hat diese Polarität in sich, hat gute und schlechte Anlagen, besteht also gewissermaßen sowohl aus Yang als auch aus Yin, aus Geist und Körper.

„Zwei Seelen ruhen, ach, in meiner Brust", aber „Gegensätze ziehen sich (auch) an". In der Zwei liegt also einmal der polare Gegensatz begründet, zum anderen aber drückt sich auch hier die Bedeutung des Strebens nach Vereinigung aus. Zwei ist die Zahl, die zur Geburt drängt.

Obwohl Gott mit nichts vergleichbar ist, hat auch er einen Widersacher: den Teufel, den er zwar beherrscht, der aber anderseits ein durchaus selbständiges Wesen treibt. So spiegelt sich auch das Göttliche im Dämonischen wider.

Die Zahl 2, wie sie sich zum Beispiel in zwei Türfüllungen oder zwei Kerzen zeigt, bedeutet in der mittelalterlichen Kunst zumeist das *Alte* und das *Neue Testament* bzw. den Alten und den Neuen Bund. Um das Unangenehme, das mit dem Wort zwei assoziiert wird, zu vermeiden, spricht der Mensch von einem Paar, beispielsweise von einem Paar Schuhe, einem Paar Augen, dem Hörnerpaar von Tieren und sogar von einem Ehepaar, womit die Einheit der Zweiheit ausgedrückt wird.

In der Zahlenmagie werden folgende Eigenschaften als weiblich, also der Zwei zugeordnet, angesehen: Weichheit, Lieblichkeit, Bescheidenheit, Fügsamkeit, Gehorsam. Da die Frau beim Zeugungsakt die empfangende Rolle spielt, ist die Zwei die Zahl der Passivität und der Rezeptivität. Zwei ist auch die Zahl des Teufels, dessen Symbol eine zweispitzige Gabel ist.

DIE HEILIGE DREI

ie Zahl 3 ist die auf Bildern am meisten auffallend angebrachte Zahl. Oft weist sie auf das Fundament der christlichen Glaubenslehre hin, die Heilige Dreieinigkeit. Franz Carl Endres schreibt in seinem Buch *Mystik und Magie der Zahlen:*

„Da Eins das Ruhende des Absoluten darstellt, Zwei aber das unruhige zum Ausgleich drängende Polare, so bedarf es jener Zahl, die die Durchsetzung des Polaren mit göttlichem Geiste symbolisiert und damit die Wirkung der Gottheit in der Welt. Diese bedeutsame Zahl ist die Drei."

E. Cassirer formuliert in seiner *Philosophie der symbolischen Formen* (1923):

„Das Problem der Einheit, die aus sich heraustritt, die zu einem ‚Andern‘ und ‚Zweiten‘ wird, um sich schließlich in einer dritten Natur wieder mit sich zusammenzuschließen — dieses Problem gehört zu dem eigentlichen geistigen Gesamtbesitz der Menschheit. Wenn es in dieser rein gedanklichen Fassung erst in der spekulativen Religionsphilosophie heraustritt, so zeigt doch die allgemeine Verbreitung der Idee des ‚Dreieinigen‘ Gottes, daß für diese Idee irgendwelche letzte konkrete Gefühlsgrundlagen bestehen müssen, auf die sie zurückweist und aus denen sie immer aufs neue erwächst."

Unsere Wahrnehmungen erfolgen durch eine dreidimensionale Welt — und wir bestimmen alle Räumlichkeit durch drei Richtungen: Länge,

Breite und Höhe. Die geschlossene Figur, die aus geraden Linien besteht, ist das Dreieck. These und Antithese fordern eine Synthese heraus.

Die Dreiteilung finden wir auch im zeitlichen Nacheinander von Ereignissen: Anfang — Verlauf — Ende. Jede Steigerung besteht aus drei Schritten: klein, kleiner, am kleinsten — groß, größer, am größten etc. Alles aber ist relativ und wird in Vergleichen gemessen. Ein Mensch mit einer Körpergröße von 1,75 Metern ist relativ groß, doch erheblich kleiner als einer von 1,90 Metern und sehr viel größer als eine Person, die nur 1,60 Meter groß ist.

Wir unterscheiden auch die Dreiheit: Himmel — Erde — Hölle. Diese Dreiheit aber untersteht wiederum der einzigen göttlichen Allmacht. Diese Dreiteilung als eine Einheit zeigt sich auch beispielsweise in der Person der meist dreigestaltig abgebildeten griechischen Göttin Hekate, die im überirdischen Götterhimmel als Selene (Mondgöttin), auf der Erde als Artemis und in der Unterwelt als Hekate in Erscheinung tritt. Als dreifaltige Gottheit ist sie doch immer ein und dasselbe Wesen — so wie Gott Vater, der Sohn und der Heilige Geist immer die eine, allmächtige Gottheit symbolisieren.

Im alten Babylon verkörperten die Götter Sin (Symbol: Sonne), Schamasch (Symbol: Mond) und Ischtar (Symbol: Venusstern) eine astrale Dreiheit; in der indisch-brahmanischen Lehre sind es die Götter Brahma (Schöpfer), Shiva (Zerstörer) und Vishnu (Erhalter), welche die göttliche Dreifaltigkeit bilden. In der germanischen Edda-Sage heißt es: „Sinn gab Odin —

Die heiligen drei Könige – altes Hinterglasbild
aus Graz.

Seele Hönir — Leben Lodur", während das Lebensschicksal der Menschen von den drei Nornen Urd, Werdandi und Skuld bestimmt wird. In der altägyptischen Mysterienreligion wurde die göttliche Dreiheit durch Isis, Osiris und deren Sohn, den Welterlöser Horus, gebildet.

Ebenso gliedert sich die geistige Tätigkeit des Menschen in Denken, Wollen und Fühlen. Er selbst besteht aus Geist, Leib und Seele.

Schwefel, Salz und Quecksilber waren die drei Stoffsymbole, die nach alchemistischer Lehre im Menschen wirken. Die Chemie unterscheidet Säuren, Basen und Salze, die Physik arbeitet vor allem mit den Begriffen Masse, Kraft und Geschwindigkeit.

Der Tempel der Juden bestand aus Vorhof, Heiligem und Allerheiligstem; die christlichen Kirchenbauwerke sind in Längsschiff, Querschiff und Apsis geteilt. Der christliche Kalender zeigt die drei höchsten Feste, nämlich Weihnachten, Ostern und Pfingsten.

Nicht nur in der Bibel spielt die Dreizahl des Opfers eine große Rolle. Auf Verlangen Jahwes opferte Abraham drei dreijährige Tiere, eine Kuh, eine Ziege und einen Widder. Im alten Rom wurden bei wichtigen Anlässen ein Schaf, ein Schwein und ein Stier geopfert, bei den Griechen waren es Schwein, Bock und Widder.

„Heilig! Heilig! Heilig ist der Herr Zebaoth!" heißt es bei Jesaia (6, 3). Alle wirksamen magischen Beschwörungsformeln müssen dreimal hergesagt werden. Drei Könige kamen aus dem Morgenland nach Bethlehem, und die Auferstehung Jesu erfolgte am dritten Tag. Jonas blieb drei Tage im Bauch des Walfisches, und drei Tage währte die ägyptische Finsternis. Es gab drei Söhne Adams, drei Söhne Noahs, drei Erzväter etc. Die biblischen Beispiele ließen sich beliebig weiterführen.

Das Dreieck soll seit uralten Zeiten als magische Figur oder Amulett einen kräftigen Zauber hervorrufen. So stellte man zum Beispiel ein dreieckiges Papier mit Kreuzen in den drei Ecken und einem Gebet in der Mitte her, das gegen Gicht helfen sollte. Gegen den bösen Blick hängte man in Ägypten Kindern und Pferden ein dreieckiges Amulett um den Hals.

Im *Hitopadesa,* einem indischen Fabelbuch aus dem zehnten oder elften Jahrhundert, heißt es, daß man den Lohn von guten oder bösen Taten in drei Tagen, drei Halbmonden, drei Monaten oder drei Jahren empfange.

Die Zahl 3 ist auch noch heute im Volksaberglauben lebendig geblieben — sowohl als glückbringendes als auch unglückbringendes Symbol. Soll etwas gelingen, so klopft man dreimal auf Holz. Dagegen scheuen sich viele, als Dritter von einem Streichholz Feuer für eine Zigarette zu nehmen.

Der 3-Blumen-Segen zur Blutstillung ist seit dem 15. Jahrhundert bekannt: „Es standen drei Rosen auf unseres Herren Grab, die erste ist milde, die andere ist gut, die dritte stillt dir dein Blut!" Bei großem Schrecken bekreuzigen sich die Leute dreimal.

„Aller guten Dinge sind drei", heißt es — und erst drei Menschen oder Richter bildeten schon

seit dem Altertum eine urteilsfähige Versamm-
lung.

In der Magie wird die Drei verwendet, damit
man ihrer mächtigen, schöpferischen Kraft teil-
haftig werde. Die Drei wird vor allen Dingen
bei der Herstellung wirksamer Zaubermittel zur
Gewinnung der Liebe benutzt.

Drei ist die Zahl des harmonischen Fortschritts
und zeigt einen starken schöpferischen Impuls.
Sie ist die Zahl des Glücks und Erfolgs. Bei den
Pythagoreern galt sie als die perfekte Zahl, weil
sie — wenn man sie als Punkte schreibt — einen
Anfang, eine Mitte und ein Ende hat. Es gibt
eine noch heute gebräuchliche Floskel: „Dreimal
darfst du raten" — und drei ist die Zahl, die
alles beinhaltet: Vergangenheit, Gegenwart und
Zukunft.

VIER ALS SYMBOL DES MATERIELLEN

ie Zahl 4 ist die Zahl der Welt, zugleich der Königsherrschaft Gottes, die alle vier Richtungen der Himmelsgegenden beansprucht. Das himmlische Achsenkreuz, das nach dem Sonnengang ausgerichtet ist, ist unverrückbar und zeigt ein Ordnungsprinzip. Auch der Mond zeigt sich in der Vierteilung seiner Phasen: Vollmond, zunehmender und abnehmender Mond, Neumond oder Schwarzmond. Auf dem Mondrhythmus wurden Kalender aufgebaut. Man kannte auch einen Mondtierkreis. Was lag also für den Menschen näher, als für diese Welt der Erscheinungen die Zahl 4 als Symbol zu setzen.

Frühling, Sommer, Herbst und Winter sind die vier Jahreszeiten; der Monat wird in vier Wochen, der Tag in vier Abschnitte geteilt. Ohne die Quintessenz, das fünfte Element der alten Alchemisten, gibt es vier Elemente: Feuer, Erde, Luft und Wasser. Das Kreuz entspricht mit seinen vier Enden dem Materiellen dieser Erde, und so sagt der Kirchenvater Hieronymus: „Und selbst die Gestalt des Kreuzes, was ist sie anderes als die quadratische Form der Welt?" Das Kreuz entspricht in seiner symbolischen Bedeutung dem Quadrat, dem Zeichen für Wohnung und Ort. Bei der Gründung wurde die Stadt Rom quadratisch angelegt — und noch heute sprechen wir von einem „Stadtviertel".

Das Brot ist das Hauptnahrungsprodukt der Materie und hieß im Griechischen *artos* oder

tetratryphos, d. h. „das Viergeschnittene", weil
es mit symbolischen vier Schnitten versehen
wurde. Als Erinnerung an diese uralte Symbolik
werden noch heute einige Arten von Semmeln
mit diesen vier Schnitten (Kreuzschnitt) gebacken.

Die alten keltischen Bewohner von Wales, die
Kymren, teilten ihren Grundbesitz immer in vier
Teile oder deren Vielfaches, und jede Stadt im
römisch verwalteten Gallien hatte eine Regierung
von vier Köpfen. Vier Konsuln regierten die
mittelalterlichen Städte Italiens. Die Hofhaltung
Karls des Großen nennt vier Ministerialien:
Kämmerer, Marschall, Truchseß und Mund-
schenk. Die vier Stützen des osmanischen Reiches
waren nach Sultan Mohammed dem Eroberer:
Wesire, Kadiasker, Defterdare und Nischandschi.

Die alten Kulturen kannten vier Hauptfarben,
vier Hauptsäfte des Körpers, vier Temperamente
und vier Tugenden (die christliche Kirche nennt
sieben). Im Buddhismus heißen die vier Tugenden: vier Wahrheiten, vier ernste Meditationen,
vier große Anstrengungen. Man sprach von den
vier Weltaltern: dem goldenen, silbernen, eher-
nen und eisernen. In einem Märchen aus *Tau-
sendundeiner Nacht* heißt es:

„Ihr wißt doch, daß ein fröhliches Mahl aus
vier Tischgenossen bestehen muß. — Zu einer
guten Musik gehören vier Instrumente: eine
Harfe, eine Laute, eine Flöte und eine Zither, zu
einem schönen Strauß viererlei Blumen: Rosen,
Myrten, Levkojen und Lilien, zu einem fröh-
lichen Leben: Wein, Gesundheit, Geld und ein
geliebter Gegenstand."

Albrecht Dürer: Die vier apokalyptischen Reiter.

In der *Kabbala* wird das Gesamtuniversum in vier Teile geteilt: in Aziluth (Welt der Emanation), in Briah (Welt der Schöpfung), in Jezira (Welt der Ausgestaltung) und in Asia (Welt des Sichtbaren). Das vom Ägyptischen stammende und kabbalistisch weiterentwickelte mittelalterliche Tarotspiel kennt vier Farben: Schwarz, Weiß, Rot und Grün.

Die vier apokalyptischen Reiter — nach der *Offenbarung* des Johannes (6, 1 ff.) — kommen, um das Materielle dieser Erde zu zerstören. Die Vierteilung war eine mittelalterliche Todesstrafe, um den materiellen Körper zu zerstören. Im *Neuen Testament* sind vier Evangelien der vier Evangelisten Matthäus, Markus, Lukas und Johannes enthalten.

In der Zahlenmagie kommt der Vier die Bedeutung einer unheilbringenden Zahl zu. Im Erzgebirge soll ein Kind nur drei Vettern haben, denn — so sagt man — der vierte sei der Teufel. Die Vier, als gerade Zahl, läßt sich auf zwei Arten aus der Zwei herstellen: $2 + 2 = 4$ und $2 \times 2 = 4$. Weil die Zahl 4 mit der leblosen und schwerfälligen Materie in Verbindung steht, gilt sie als eine Unglückszahl. Am Ende der irdischen Existenz steht der Tod. Schweiß, Elend und Niederlage sind das Los des Menschen auf der Erde. Dagegen aber gilt der seltene vierblättrige Glücksklee als gutes Omen.

DIE GEHEIMNISVOLLE FÜNF

it Sonne und Mond bildet die Göttin Ischtar die große göttliche Trias des altbabylonischen Götterhimmels. Fünf ist die Zahl der Ischtar und des ihr zugeordneten Venussterns. Dreimal fünf Tore führten in ihre Stadt Ninive. Das Pentagramm, das reguläre Fünfeck, ist das heilige Symbolzeichen der Göttin, denn es zeigt auf unübertreffliche Weise die gesamte Venusbahn. Dr. Martin Knapp ist dieser Nachweis im Jahr 1934 gelungen. Er wählte die oberen Konjunktionen der Venus in den letzten Jahren und trug sie nach den Orten des Tierkreises in einer Ekliptik ein. Bei der Verbindung der Daten auf dem Jahreskreis ergab sich dann das Pentagramm. In hellenistischer Zeit wurden Venustempel fünfeckig gebaut.

Die christliche Maria übernahm im frühen Mittelalter das Pentagramm als Geheimzeichen von Ischtar, und der Venusstern wurde häufig als der Stern der Gottesmutter angesehen.

Auch im alten China war durch die astronomischen Erkenntnisse der Venusbahn das Pentagramm bekannt. An die fünf Spitzen, beginnend mit der oberen und fortlaufend im Uhrzeigersinn, schrieb man die Bezeichnungen: Erde, Wasser, Feuer, Metall, Holz. Diese Bezeichnungen verband man durch folgende Relationen: Erde saugt Wasser, Wasser löscht Feuer, Feuer schmelzt Metall, Metall schneidet Holz, Holz pflügt Erde.

Auch die Planeten Saturn, Merkur, Mars, Venus und Jupiter wurden von den alten Chinesen den Pentagrammspitzen zugeordnet. Man kannte fünf Getreidearten, fünf heilige Berge, fünf Adelsgrade und fünf menschliche Beziehungen, fünf Tugenden, fünf Hauptwaffen und fünf Strafen. Die alte Tonleiter bestand aus fünf Tönen, fünf Finger hat eine Hand, und zu Neujahr wird in traditionsbewußten Familien noch immer der Brauch gepflegt, einen Papierstreifen über die Haustüre zu hängen, auf dem geschrieben steht: „Das fünffache Glück komme herein."

Die Zahl 5 spielt bei der Dämonenabwehr als Zahlenzauber, Pentagramm oder Amulett eine große Rolle. Besonders im Orient gilt die Fünf als Schutz vor dem bösen Blick. Fünf gute Verrichtungen fordert der Islam: das Bekenntnis, das tägliche fünfmalige Gebet, das Almosen im Betrag von einem Fünftel des Vermögens, das Fasten im Ramadhan und die Wallfahrt nach Mekka. Bis auf das fünfte Geschlecht geht die Blutrache des Arabers.

Mit den fünf Sinnen (Gesicht, Gehör, Gefühl, Geruch und Geschmack) erfährt der Mensch seine Umwelt. Die jüdische Thora enthält die fünf Bücher Mosis, und Aristoteles unterschied fünf Haupttugenden.

Nach babylonischer Auffassung soll man am 5. und 25. eines Monats nicht heiraten, nach okkulter Vorstellung nicht am Freitag, dem fünften Tag der Woche, an dem man auch keine Reise beginnen soll. Im Sport spielt seit jeher der Fünfkampf eine große Rolle.

Das Ischtar-Tor von Babylon, erbaut um 570 v. Chr.
Der Fliesenschmuck der über 14 Meter hohen Eck-
türme zeigt senkrecht drei Reihen von je fünf
heiligen Tieren.

In der kabbalistischen Bedeutung ist die Zahl fünf ein Symbol für die gelegentlich zu Ausschweifungen neigende männliche Sexualität und der sinnlichen Freude in bezug auf die fünf Sinne des Menschen. Fünf ist die Summe aus der ersten weiblichen (2) und der ersten männlichen Zahl (3), die Zahl des Don Juan und der sexuellen Vereinigung um ihrer selbst willen.

Viele Wesenszüge der Fünf sind ausgesprochen phallisch, wie Schnelligkeit, Unbesonnenheit, Sprunghaftigkeit, Elastizität und Spannkraft. In einem Text aus dem zwölften Jahrhundert heißt es:

„Weil es fünf Sinne gibt, stellt die Zahl 5 den natürlichen Menschen dar, der zwar nicht schamlos von der Fleischeslust beherrscht wird, aber dennoch die Dinge liebt und anstrebt, die dem Vergnügen der äußeren Sinne dienen, weil er nicht weiß, was spirituelle Freuden sind."

Fünf ist die Zahl der Natur, zusammengesetzt aus der Eins, der lebenserzeugenden Kraft Gottes, und der Vier, der Materie. Mit Hilfe der Fünf, dem Pentagramm, kann der Magier die Natur beherrschen. So erklärte Abbé Constant, der sich Eliphas Lévy nannte, im 19. Jahrhundert:

„Das Pentagramm drückt die Beherrschung der Elemente durch den Geist aus, und mittels dieses Zeichens fesselt man Dämonen der Luft, Feuer- und Wassergeister, den Spuk der Erde."

SECHS ALS SYMBOL DER LIEBE

bwohl die Sechs eine gerade und weibliche Zahl ist, gehört sie zahlenmagisch nicht zu den ausgesprochenen Unglückszahlen, da sie eine „vollständige" ist. Nach Nikomachus, der im ersten nachchristlichen Jahrhundert lebte, ist eine Zahl dann vollständig, wenn die Summe ihrer Divisoren — ausgenommen die Zahl selbst — gleich der Zahl selbst ist. Die Divisoren der Sechs sind die Zahlen 1, 2 und 3 und 1 + 2 + 3 = 6. Zu den vollständigen Zahlen gehören nur 6, 8, 28, 128, 496 und 33 550 336. Addition und Multiplikation ihrer Bestandteile führen bei der Zahl 6 zu dem gleichen Ergebnis, deshalb gilt diese Zahl als eine harmonische und ausgewogene. Sie strahlt Ruhe und Gelassenheit aus.

Durch Multiplikation der ersten weiblichen Zahl (2) und der ersten männlichen (3) erhalten wir die 6, das Symbol für weibliche Sexualität, häusliches Leben, Ehe und Familie. In der Liebe wird die Frau durch den Mann befruchtet. Die schöpferische Gabe zeigt sich auch in der doppelten 3, denn 3 + 3 = 6.

Das mystische Bild der Zahl 6 zeigt sich in der geometrischen Figur des Sechssterns, wobei zwei Dreiecke ineinander geschoben sind, das eine mit der Spitze nach oben, das andere mit der Spitze nach unten. Diese Figur symbolisiert im Altindischen die Vereinigung des schöpferischen Vishnudreiecks mit dem zerstörerischen Shivadreieck. Die Polarität zeigt sich auch in der magischen Bedeutung des Sechsecks: das mit der Spitze nach oben zeigende Dreieck symbolisiert das Gute, Geistige und Schaffende, wogegen das mit der Spitze nach unten zeigende Dreieck das Böse, Materielle und Zerstörende bedeutet.

Zusammengenommen besteht das All aus den Polaritäten Geist-Stoff, Gott-Chaos und Raum-Zeit. Von Indien und Ägypten kam diese Vorstellung zu den Juden und fand später auch Eingang ins Christentum. Die Zahl 6 ist eine heilige Zahl in vielfacher Bedeutung: sechs Tage dauerte die Erschaffung der Welt, die Bibel spricht von sechs Krügen zu Kana, und den Sechsstern finden wir als Monstranzform. Benediktiner und Zisterzienser bauten ihre Klöster in Form eines Sechssterns.

Sechs Flächenquadrate zeigt der Würfel, und der Kubus galt als idealer Baustein auch für geistige Werke. Sechs ist die Zahl der harmonischen Geschlossenheit und der Vollendung. Die Bibel spricht in Analogie zu den sechs Arbeitstagen der Woche von den sechs Arbeitsjahren, in denen das Land besät und abgeerntet werden soll, während der siebte Tag, der Sonntag, der Ruhetag ist und im siebten Jahr die Erde brachliegen soll.

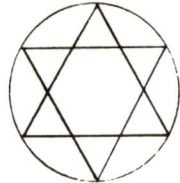

In der Magie wird das Hexagramm (Sechsstern) vor allen Dingen zum Zweck der Liebesmagie verwendet.

DIE MYSTISCHE SIEBEN

n der Magie spielt die Zahl 7 die wichtigste Rolle. Sie hat keine Möglichkeit, mit anderen Zahlen zu kommunizieren; denn sie läßt sich weder durch Multiplikation anderer Zahlen herstellen, noch erzeugt sie, wenn sie selbst multipliziert wird, eine Zahl zwischen Eins und Zehn. Schon im frühen Altertum wurde der Zahl 7 eine mystisch-magische Bedeutung zugesprochen.

Sieben Tage dauert eine Mondphase. Der siebte Tag der Weltschöpfung war der Ruhetag Gottes (1. Mose 2, 2), so wie der Mond sich sechs Tage lang sichtbar verändert, am siebten Tag seiner Phasen aber nicht so deutlich erscheint. So wurde der Mond, höchste Gottheit in den orientalischen Ländern, in Beziehung zur Schöpfungswoche gebracht.

Diese Weltschöpfungssage finden wir sowohl im Awesta der Altiranier als auch im jüdisch-babylonischen Kulturkreis. Um 2500 v. Chr. lebte der sumerische König Lugulannemundu, der einen Tempel für die Göttin Nintu in seiner Stadt Adab erbauen ließ. Dieser hatte sieben Portale und sieben Türen. Zu seiner Einweihung wurden siebenmal sieben Ochsen und Schafe geopfert.

Der siebenstöckige babylonische Turm soll 1120 v. Chr. von Merodacha Danakhi erbaut und 580 v. Chr. von Nebukadnezar erneut hergestellt worden sein. Die medische Stadt Ekbatana, die um 700 v. Chr. erbaut wurde, hatte sieben Mauerringe. Sieben ist nicht nur die Zahl der Mondphasen, sondern auch der sieben Planeten Mond, Sonne, Merkur, Venus, Mars, Jupiter und Saturn (zu den sechs mit bloßem Auge zu sehenden Planeten wurde noch die Sonne hinzugerechnet). In den Mondreligionen machte die siebentägige Woche ungefähr den vierten Teil der gesamten Mondphasendauer aus.

Sieben Stab- oder Zepterträger gab es im alten Ägypten: Rephan (Saturn), Ra (Sonne), Jah (Mond), Molek (Mars), Hermai (Merkur-Hermes), Amun (Jupiter) und Sinrot (Venus). Diese Bezeichnungen wurden im zweiten Jahrhundert n. Chr. von Rom und im vierten Jahrhundert in abgeänderter Form im Frankenreich übernommen, wo sie Sunna, Mano, Zio, Wodan, Tunar und Fria genannt wurden. Daher stammen auch die Namen unserer Wochentage Sonntag, Montag, Dienstag, Mittwoch, Donnerstag, Freitag und Samstag.

Bei dem großen griechischen Arzt Hippokrates heißt es: „Die Siebenzahl beherrscht die Krankheiten und alles, was im Körper von Zerstörung betroffen wird ... Bittere Säfte verursachen schmerzliche Krankheiten; diese dauern sieben Tage oder eine Anzahl von Tagen, die sich durch sieben teilen lassen." So bezeichneten die Anhänger des Pythagoras die Zahl 7 geradezu als „Krisis". Bei vielen Krankheiten tritt die Krisis am 7., 14. und 21. Tag ein und dauert dreieinhalb (= 7 : 2) Tage. In Zyklen von viermal sieben Tagen kehrt die Menstruation der Frauen, die etwa dreieinhalb Tage dauert und von der alles Leben abhängt, wieder. Daraus schloß man, daß die Zahl 7 die Zyklen und Rhythmen des Lebens — von der Geburt bis zum Tod — beherrscht, weshalb man sie die Zahl der Vollkommenheit nannte.

Der siebenarmige jüdische Leuchter erinnert an die sieben Planetensphären. Die apollinische Lyra hatte sieben Saiten und die Flöte sieben Löcher. Es gibt sieben Farben im Spektrum und sieben ganze Noten in einer Oktave. Der menschliche Kopf zeigt sieben wichtige Bestandteile: zwei Augen, zwei Ohren, zwei Nasenlöcher und einen Mund. Die katholische Kirche kennt sieben Gaben des Heiligen Geistes, ebenso sieben Tugenden und sieben Todsünden.

Der siebte Sohn eines siebten Sohnes soll nach alter okkulter Überlieferung über magische Kräfte verfügen. Die alten babylonischen Götter wurden in der gnostischen Mystik dämonisiert und hießen: Schamasch (Sonne), Sin (Mond), Kewan (Saturn), Bâl (Jupiter), Dlibat Ischtar (Venus), Nbu (Merkur) und Nirek (Mars). Über diese herrscht der im Semitischen weiblich gedachte Geist, die Ruacha.

Sieben ist eine der wichtigsten Zahlen des *Alten Testaments* und vor allem der *Offenbarung* des Johannes, wobei die Siebenzahl immer die unbegrenzte Menge, das Ewige und die Vielzahl bedeutet. Sieben Tage marschierten Josua und die Israeliten um die Mauern von Jericho. Sieben Priester trugen dabei sieben Trompeten. Am siebten Tag umschritten sie die Stadt siebenmal. Beim siebten Umgang riefen sie laut. Die Mauern stürzten zusammen, und die Stadt wurde zerstört. Sieben Stufen führten zum

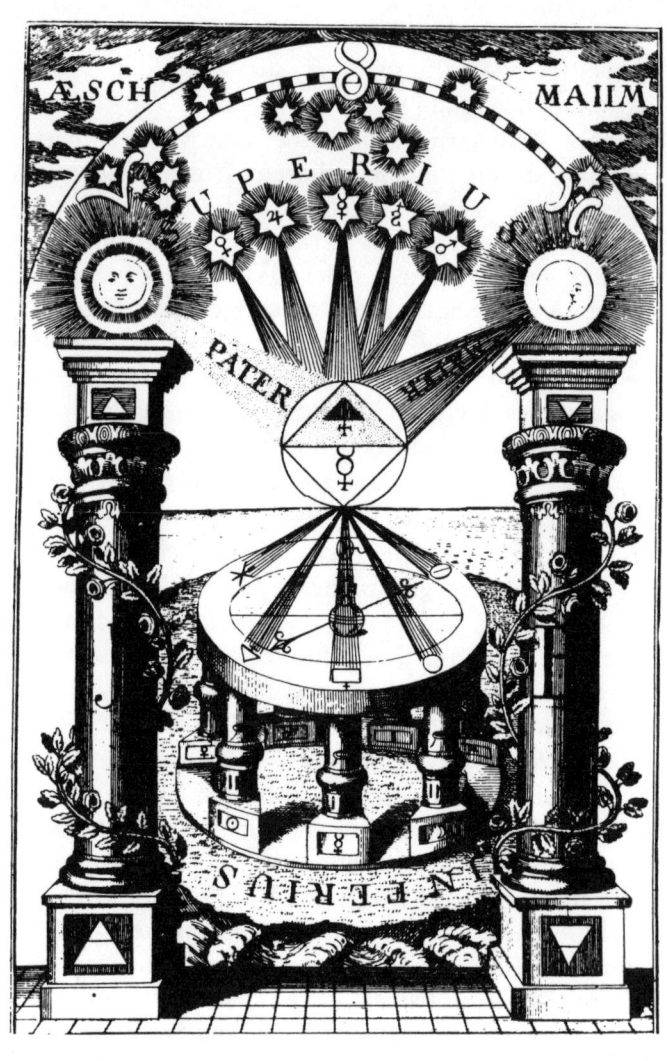

Die sieben Planeten mit Sonne (Vater) und Mond
(Mutter).

Tempel Salomonis. Sieben Tage bleibt Noahs Taube aus, und die große Flut bereitete sich sieben Tage vor. Jakob wirbt sieben Jahre um Rahel und ebenso lange um Lea. Für die sieben schlechten und sieben guten Wirtschaftsjahre Ägyptens stehen symbolhaft die sieben mageren und die sieben fetten Kühe. Simson feiert sieben Tage Hochzeit, und um Saul wird sieben Tage lang getrauert.

In der Apokalypse wird die Zahl 7 nicht weniger als 54mal genannt. Das Vaterunser hat sieben Bitten, und der Erzengel Michael kämpft gegen einen siebenköpfigen Drachen. Und noch heute spricht man von seinen „sieben Sachen", die man zusammenpackt, eine Erinnerung an die Mithramysterien, bei denen sich der Jüngling nach der Einweihungszeremonie wieder ankleidete.

Aus diesem Grund ist zu erklären, warum die Kirchenväter wiederholt die Sieben als die Zahl der Fülle und Vollendung bezeichnen. Die okkulten Wissenschaften haben die mystische Bedeutung der Sieben ebenso erkannt, wie diese Zahl denn auch in deutschen Märchen (man denke nur an die sieben Zwerge) eine besondere Rolle spielt. Sieben Jahre dauerte es, um von einem Zauber erlöst zu werden. In Bayern heißt es, daß das Siebenjahrgarn, das von einem Mädchen unter sieben Jahren gesponnen worden ist, besonders wertvoll ist.

In Verbindung mit einer Frau ist in Deutschland erst 1662 von der „bösen Sieben" die Rede. Ursprünglich weissagte die Pythia in Delphi nur einmal im Jahr, und zwar am siebten Tag des

Monats Bysios, später dann auch am siebten
Tag eines jeden Monats. Die Stadt Rom wurde
auf sieben Hügeln gebaut — und sieben war
die Glückszahl des römischen Landmannes.

Von der Lebenseinteilung des Solon schreibt
der jüdische Philosoph Philo von Alexandrien
im ersten nachchristlichen Jahrhundert:

„Zu Ende des ersten Jahrsiebents kommen an
Stelle der Milchzähne die richtigen Zähne, zu
Ende des zweiten tritt die Geschlechtsreife ein,
im dritten sprießt beim Manne der Bart hervor,
das vierte ist die Blütezeit des Lebens, das fünfte
der Zeitraum der Verehelichung, das sechste
bringt die Reife des Verstandes, das siebente
die Veredelung der Seele durch die Vernunft,
das achte die Vollendung von Verstand und Vernunft, das neunte die Zähmung der Leidenschaf-
ten und infolgedessen Gerechtigkeit und Milde.
Im zehnten aber ist es am besten zu sterben, da
in dem darüber hinausliegenden Alter der
Mensch nur ein gebrechlicher und unnützer Greis
ist."

Das ganze Leben wird auch bei der Frau durch
die Sieben bestimmt. In der Regel beginnt nach
zweimal sieben Jahren die Menstruation, die
alle viermal sieben Tage eintritt. So machte auch
die altindische Braut sieben Schritte zur Zere-
monie der Eheschließung.

Die Griechen sprachen von sieben Weltwun-
dern, von sieben Weltweisen, sieben Helden von
Theben, sieben Köpfen der Hydra, von den sieben Musen — bevor es neun waren — und den
sieben Helios-Söhnen. Die Kabbala kennt sieben
Winde, sieben Meere, sieben Teile der Erde, sie-

ben Flüsse, sieben Zeitalter und sieben Wüsten.

Im Okkultismus gilt deshalb die Zahl 7 nicht als eine böse und unglückbringende Zahl, sondern als Symbol des Geheimnisvollen und der Vollkommenheit, der Weisheit, der Religion und der Philosophie. Die Zahlenmagie brachte die Sieben daher in Verbindung mit den Begriffen der Weltabgewandtheit, Innenschau und Meditation.

ACHT ALS DOPPELDEUTIGE ZAHL

ie Doppelnatur der Acht kommt schon in der Form der Ziffer zum Ausdruck, denn sie besteht aus zwei übereinandergestellten Kreisen. Vier ist die Zahl der Erde und der Materie und 4 + 4 = 8. Erdgebundenheit, materieller Erfolg oder Mißerfolg werden dieser Zahl zugesprochen. Die Acht kann sowohl Fehlschläge als auch großen Gewinn an Geld und Macht einleiten.

In vorchristlicher Zeit, in Babylon und Persien, galt die Acht als eine bedeutsame Glückszahl. In den babylonischen Tempeln wohnte die Gottheit im achten Stockwerk. Als altelamitisches Glückssymbol, das auf Amuletten zu sehen war, galt das Oktogramm, das Achteck.

Acht Menschen wurden in der Arche vor der Sintflut gerettet (1. Mose 7, 7). Am achten Tag findet das Opfer Arons statt, und die Beschneidung wurde am glückhaften achten Tag des Lebens vorgenommen (1. Mose 17, 12 und 3. Mose 12, 3). Gott, Christus und die heilige

Mutter wohnen im achten Himmel — im Unterschied zum siebten Himmel der irdischen Glückseligkeit. Im Evangelium des Matthäus ist von acht allgemeinen Seligpreisungen die Rede.

Die Acht ist auch das Symbol für das Leben nach dem Tod, die Zahl für die zukünftige Welt, da sie auf die Sieben (Zahl des Lebens in dieser Welt von der Geburt bis zum Tod) folgt. Acht ist deshalb das Symbol für die Unendlichkeit — und das mathematische Symbol für „unendlich" ist eine liegende 8, also ∞.

Im Gegensatz zum männlichen Körper mit sieben Körperöffnungen hat die Frau acht; durch die achte tritt das Leben in die Welt. Acht ist so auch die Zahl für die Wiedergeburt. Im Buddhismus führt ein achtgliedriger Weg zum Nirwana. Im alten China hören wir von der Achtteilung der Windrose, den acht Pferden des Königs Mu, acht Erfüllungen, acht freien Künsten und acht Ausgängen am Altar des Höchst-Einen Ta'ai-i.

Acht ist die erste kubische Zahl. Die ältesten Grundsteine der Taufsteine, Baptisterien, Türme und Säulen zeigten das Achteck. Acht meist von einem Kreis umgebene Strahlen bedeuten das uralte Gottessiegel. Die Zaubertrommel der Schamanen ist achteckig. Sie wird gedreht, wobei ein aufgehängter Ring beim Stillstand eines der acht Felder bezeichnet. Auch das Glücksrad des Mittelalters hatte stets acht Speichen.

Da die Zahl 8 ein Symbol des Jenseits und der Unterwelt ist, ist sie in der Zahlenmagie auch das Zeichen für den Tod, besonders, wenn sie in Verbindung mit der Vier auftritt.

DIE WEISE UND STARKE NEUN

it der Zahl 9 schließt die Reihe der Grundzahlen ab, denn die Zehn ist eine Wiederholung der Zahl Eins auf höherer Ebene. Neun enthält die Drei in höherer Potenz, denn $3 \times 3 = 9$. Von der Empfängnis eines Kindes bis zu seiner Geburt vergehen neun Monate. Der Kreis ist mit 360 Grad geschlossen — und die Quersumme von 360 ist $3 + 6 + 0 = 9$. Numerologisch gesehen ist die Neun eine Vollendungszahl in geistiger und spiritueller Hinsicht, die Zahl der Initianten. Als letzte Zahl der Einerserie ist sie auch eine Liebeszahl, in der die potenzierte männliche Zeugungskraft der Drei enthalten ist. Neun ist aber auch eine „egoistische" Zahl, denn die Quersumme aus der Multiplikation einer beliebigen Zahl mit 9 ergibt immer wieder 9 ($2 \times 9 = 18 = 1 + 8 = 9$; $3 \times 9 = 27 = 2 + 7 = 9$ etc.).

Neunerphasen der Mondperiode finden wir im alten Mexiko.

Nach Anweisung chinesischer Astrologen wurde vor Tausenden von Jahren das alte Peking gebaut: acht Zufahrtsstraßen führten ins Zentrum zum Heiligsten — so wie der achtgliedrige Weg zum Nirwana führte —, und diese neun Teile der heiligen Stadt Peking, aufgebaut nach astrologischen Erkenntnissen, führten schließlich zu unserem Kegelspiel, das aus neun in gleicher Weise angeordneten Kegeln besteht.

Bei den Kelten und Germanen spielte die Neun eine bedeutende Rolle in der Rechtsprechung. Gesetzliche Fristen wurden zum Beispiel auf den neunten Monatstag angesetzt. In der Sage von König Arthur heißt es, er habe den neunten Teil der Kraft seines göttlichen Vaters. Er hat neun Haushofmeister, und neun Könige huldigen ihm. Er selbst war dreimal drei Nächte gefangen.

In germanischen, irischen, schottischen und deutschen Sagen und Märchen spielt die Zahl 9 eine bedeutende Rolle. So pfeift der Rattenfänger neunmal einen Ton. Der im Mittelalter blühende mächtige Templerorden hatte neun Gründer: Hugo von Payens, Gottfried von St. Omer, Rossal, Brisol, Payen de Montdidier, Archimbald de St. Agnan, Montbard, Gondemarc und Graf Hugo I. von Champagne.

Bei den olympischen Spielen in Griechenland urteilten neun Kampfrichter. Die Republik Athen hatte neun Archonten. Alle neun Jahre wurde das Hauptfest des Apollon in Delphi gefeiert, neun Männer und neun Frauen zelebrierten das Fest zu Ehren des Gottes Dionysos in Patrai.

Neun Monate währen die warmen Jahreszeiten, in denen sich der Kreislauf der Natur vom Werden, Wachsen und Vergehen abspielt, während drei Monate lang der Winter herrscht. Die Römer opferten am neunten Tag. Die Todesstunde Jesu war die neunte, berechnet nach der ersten Stunde um sechs Uhr morgens. Die Neun als Zahl der irdischen Vollendung Jesu drückt sich in seinen letzten Worten aus: „Es ist vollbracht!"

Neun Himmel kannten die alten Chinesen, neun Wahrheiten die Inder. Im Taoismus bilden sich aus den Prinzipien Yang und Yin die fünf Elemente, aus denen wiederum Himmel und Erde bestehen: $2 + 5 + 2 = 9$. Alle Erscheinungsweisen sind aber durch die Einheit des Tao zusammengefaßt. Neun Stockwerke zählt die chinesische Pagode, neunmal verbeugen sich die Mongolen vor ihrem Herrscher. In Indien soll der Brahmane in einem neunstöckigen Haus wohnen — oder in einer Behausung, zu dem neun Stufen führen.

In einem alten Bauernkalender heißt es, daß die Neun am Monatsanfang für Menschen neutral, für Pflanzen gut und als Geburtstag für Knaben und Mädchen vorzüglich sei. In der Mitte des Monats sei sie für mancherlei bäuerliche Verrichtung geeignet, während sie aber ganz großartig am Monatsende sei (die dritte Neun!). Die Datenreihe lautet also hier: 9., 18. und 27.

Als magisch wirkungskräftige Zahl spielt die Neun sowohl in der Medizin als auch bei Zauberhandlungen der alten Kulturvölker eine große Rolle. Gegen Magenbeschwerden empfiehlt ein Buch aus dem Jahr 400 n. Chr. dreimal neun Wiederholungen: „Drücke mit dem linken Daumen gegen die Magengegend und sage neunmal: ‚Alam betam alam betur alem botum.' Dann berühre die Erde mit dem linken Daumen und spucke aus. Sage die Worte wieder neunmal und zum drittenmal neunmal."

Als Mittel gegen Milzkrankheiten empfiehlt Plinius (23 bis 79 n. Chr.): „Nimm frische Schafsmilch, reibe den Körper des Kranken da-

Die Stufen zur himmlischen Stadt, Holzschnitt aus
dem *Liber de Ascensu* von Raymundus Lullus,
Valencia 1512.

mit ein und sage: ‚Dies tue ich für die Heilung der Milz'. Wiederhole diesen Satz 27mal (3 × 9). Dann gipse die Schafsmilch ein und verschließe die Stelle mit einem Ring."

In Irland soll eine Frau neun Fäden aus Wolle zusammenlegen, wenn sie einen Zauber vollzieht. In Schottland verwendet man gegen Verrenkungen einen schwarzen wollenen Faden mit neun Knoten. In Thüringen heben Jungfrauen die Reste von neunerlei Essen auf und setzen sich damit zu Mitternacht an den Tisch, damit ihnen die Geister ihrer Geliebten erscheinen sollen. Auf dem Berg Kippumäki in Finnland liegen neun Höhlen von je neun Klafter Tiefe, wohin die Schmerzen und Leiden der Menschen durch Zauber gebannt werden.

HÖHERE ZAHLEN

it der der Zahl 10 beginnt ein nächsthöheres Zahlensystem, das für die Numerologie nur bedingt von Interesse ist, weil die Zahlenmagie hauptsächlich mit Zahlen zwischen Eins und Neun operiert, denn alle Zahlen über Neun werden durch Quersummenbildung wieder auf die neun Grundzahlen zurückgeführt. Ausnahmen bilden gelegentlich nur die Zahlen 11 und 22, die wir schon eingehend behandelt haben. Deshalb wollen wir an dieser Stelle nur eine kurze Charakteristik der Zahlen von 10 bis 22 folgen lassen.

10 Die zehn Finger beider Hände. Die Ägypter kannten eine zehntägige Woche (Dekade), das Jahr zu 36 Dekaden und fünf Epagomenen (Schalttagen). Gott gab den Menschen zehn Gebote, und der zehnte Tag war besonders für Sühne und Versöhnung geeignet (3. Mose 23, 27). Von den zehn Jungfrauen sind fünf leichtfertig. Der „Zehent" war eine besondere Form der Besteuerung. Neun Tage irrt Odysseus auf dem Wasser, um am zehnten ans rettende Ufer zu gelangen. Die Griechen kämpften neun Jahre um Troja, bis schließlich die Stadt im zehnten Jahr fiel. Nach Hesiod ist der Zehnte und Zwanzigste Tag eines Monats günstig für die Geburt eines Knaben.

11 ist die Zahl der treuen Jünger Jesu ohne Judas, die Verbindung von Gott (1) und Welt (10), die Zahl der Offenbarung und

der Beginn des Wissens von Gott, die Zahl der Heiligen und Märtyrer. Schiller läßt den Seher Seni in *Piccolomini* (II, 1) sagen: „Elf! Eine böse Zahl. Zwölf Stühle setzt!" Die Elf hat etwas Närrisches. Der Karneval beginnt am 11. 11. um 11.11 Uhr in Köln. Ein Elferrat führt den Vorsitz der Karnevalsgesellschaften.

12 ist die Zahl der Monate im Jahr und der Tierkreiszeichen. $3 \times 4 = 12$ und $3 + 4 = 7$. Die Zwölf ist ein Wiedererscheinen des Prinzips der Sieben in anderer Rechnungsart. Zwölf war die Zahl der Stämme Israels. Der Tag hat zwölf Doppelstunden. Die Stunde hat 60 Minuten (5×12), die Minute 60 Sekunden. Zwölf Trojaner werden von Achill geopfert, zwölf ist die Gesamtzahl der Jünger Jesu mit Judas. Zwölf wird als Einheit, als ein Dutzend angesehen. In England hat der Schilling zwölf Pence.

13 gilt als Unheilszahl ($1 + 3 = 4$). Der 13. eines Monats wird gefürchtet. Niemand wohnt gern in einem Hotel mit der Zimmerzahl 13. Es heißt, daß der 13. bei Tisch stirbt und die 13. Fee Böses verkündet. Im *Talmud* heißt es: „Einst wird das Land Israel in 13 Teile geteilt werden, der 13. wird dem Messias zufallen." Im Unterschied zum Volksglauben ist die 13 in der Kabbalistik daher eine gute Zahl.

14 gilt als Nothelfer (14 Schutzengel, „Vierzehn Englein um mich stehn") schon in babylonischer Zeit. 14 Nothelfer begleiteten Nergal in die Unterwelt, welche zweimal sieben

(14) Tore hatte. Die 14 ist also eine Erhöhung der Sieben.

15 taucht im *Alten Testament* bei Geschlechterzählungen auf: von Abraham bis Salomo werden 15 Geschlechter, von Salomo bis Zedekia ebenfalls 15 Geschlechter gezählt. 15 (3 × 5) ist die Zahl der Göttin Ischtar, deren Stadt Ninive 15 Tore zählte. Der 15. Tag ist der Vollmondtag. In Indien finden wir 24 Halbmonate zu 15 Tagen. In Rom waren die Quindecimvir, ein Beamtenstab von 15 Mann, tätig.

16 Nach römischem Maß waren vier Finger eine Handbreite, und vier Handbreiten bildeten ein Fuß. Demnach hatte ein Fuß 4 × 4 = 16 Handbreiten. Auf javanischen Zaubertrommeln erscheint ein 16strahliger Stern. Noch heute gibt es auf Java eine 16stündige Tageseinteilung. Im frühen Induskult entsteht die 16 durch laufende Multiplikation mit der 2, also: 1 × 2 = 2 × 2 = 4 × 2 = 8 × 2 = 16. Eine Rupie hatte 16 Anna.

17 gilt als die Opferzahl am Ararat. Die Sintflut begann am 17. Tag des zweiten Monats, und am 17. Tag des siebten Monats landete die Arche auf dem Berg Ararat. Der heilige Alexius starb am 17. 7. 417. Er lebte 17 Jahre lang unter den Treppenstufen der Kirchentür in Edessa und weitere 17 Jahre unter der Treppe seines Vaterhauses in Rom. Nachdem Odysseus Kalypso verlassen hatte, fuhr er 17 Tage lang auf einem Floß über das Meer. An einem 17. wurde Osiris in den Sarg des Typhon gelockt, der dann den

Wellen übergeben wurde. Offensichtlich kam die 17 durch Noahs Arche aufs Meer.

18 ist eine Glückszahl, bestehend aus 3×6. Unter den Glückszeichen erscheinen drei Davidschilde mit je sechs Spitzen. Im germanischen Mythos hat Haldan der Alte zweimal neun (18) Söhne — und Odin weiß 18 Dinge.

19 Glieder hat der menschliche Körper im ägyptischen Totenbuch, wobei jedes Glied einen besonderen Gott hat. Eusebius spricht von 19 Göttern, den sieben höchsten (Planeten) und den zwölf großen (Tierkreis).

20 Die Gesamtzahl der Finger und Zehen lautet 20. Bei den Ainu, einem ostasiatischen Urvolk, heißt denn auch die Zahl für 20 „das Ganze". In der griechischen Mythologie macht Hephaistos 20 Dreifüße, fällt Odysseus 20 Bäume und zahlt Laertes 20 Rinder für eine Magd. Der Engländer gebraucht lieber den Ausdruck *score* statt *twenty* (20) und „scores of time" bedeutet „sehr oft".

21 ist die Zahl der Trümpfe beim Tarock, denn der Sküs trägt niemals eine Zahl und kann wie der Joker jede andere Karte ersetzen, wird also nicht mitgezählt. 21 Trümpfe, das sind 3×7.

22 ist die Zahl des hebräischen Alphabets. Nach Sabas von Talas (gest. 532) gibt es 22 Schöpfungswerke Gottes, 22 Bücher des *Alten Testaments*, 22 Tausend Rinder Salomos und 22 Tugenden Christi. In der Kabbalistik wird die 22 als Zahl des Meisters aus

der Summe der Zahlen 3 + 7 + 12 = 22 gebildet. Obwohl die christliche Bibel mehr als
22 Bände des *Alten Testaments* enthält, behaupten die Okkultisten, daß es ursprünglich nur 22 gewesen seien, da das Buch Ruth
mit dem Buch der Richter und das prophetische Buch des Jeremia mit den Klageliedern
zusammengefaßt werden müßten. Isidor von
Sevilla stellte im 7. Jhdt. n. Chr. eine Liste
von 22 Dingen (alles, was existiert) auf, die
Gott durch die Kraft der 22 Buchstaben des
hebräischen Alphabets („Es werde Licht!" —
Schöpfung allein durch die Kraft des Wortes)
erschaffen hat. Die Offenbarung des Johannes enthält 22 Kapitel.

BEISPIELHAFTE BERECHNUNGEN

MARIA STUART
KÖNIGIN DER SCHOTTEN

m 8. Dezember 1542 auf Schloß Linlithgow geboren, gehört die schottische Königin Maria Stuart zu den großen Figuren des 16. Jahrhunderts. Ihr tragisches Los behandelt Friedrich Schiller in einem gleichnamigen Trauerspiel. In Frankreich erzogen, heiratete Maria Stuart 1558 den späteren König Franz II. Nach dessen frühem Tod kehrte sie 1561 nach Schottland zurück, wo sie 1565 ihren Vetter Darnley ehelichte. Zu spät erkannte sie dessen schlechte Charaktereigenschaften. 1566 gebar sie einen Sohn, den späteren König Jakob I. von England.

Nachdem Darnley den Privatsekretär seiner ungeliebten Frau, Rizzio, ermordet hatte, wählte diese den Grafen Bothwell zu ihrem neuen Vertrauten. Bothwell ermordete Darnley und entführte Maria Stuart mit deren Einverständnis nach Schloß Dunbar, wo beide im Mai 1567 getraut wurden.

Die schottischen Lords unter Marias Halbbruder Murray waren empört, nahmen Maria gefangen und zwangen sie zur Abdankung zugunsten ihres Sohnes. Bothwell konnte nach Dänemark entkommen, wurde aber dort lebenslänglich inhaftiert. 1568 gelang es Maria Stuart, aus Schloß Leven nach England zu fliehen, wurde aber dort des Gattenmordes angeklagt.

Mehrere Verschwörungen, die die Befreiung der schottischen Königin zum Ziel hatten, schlugen fehl. Mit Wissen von Maria Stuart und auf Veranlassung der Franzosen sollte Anthony Babington, ehemaliger Page Marias und eingeschworener Katholik, die protestantische Königin Elisabeth ermorden. Die Verschwörung wurde rechtzeitig aufgedeckt und die darin verstrickte Maria Stuart vor Gericht gestellt. Im September 1586 wurden Babington und weitere an diesem Mordanschlag beteiligte Personen hingerichtet. Maria Stuart wurde am 18. Februar 1587 im Schloß Fotheringhay enthauptet.

```
M a r i a   S t u a r t   v o n
4+1+2+1+1 + 3+4+6+1+2+4 + 6+7+5 +
=    9    +     20      + 18 +

S c h o t t l a n d
3+3+5+7+4+4+3+1+5+4
         39
```

Namenszahl: $86 = 8 + 6 = 14 = 1 + 4 = 5$
Herzzahl: $\quad\quad 25 = 2 + 5 = 7$
Persönlichkeitszahl: $61 = 6 + 1 = 7$

```
* 8.   12.   1   5   4   2
= 8 + 12 + (1 + 5 + 4 + 2)
```

Schloß L i n l i t h g o w
```
        3+1+5+3+1+4+5+3+7+6
        = 38 = 3 + 8 = 11
        (11 = 1 + 1 = 2)
```

Geburtstagszahl: $\quad\quad\quad\quad\quad 8$
Monatszahl: $\quad\quad\quad 1 + 2 = 3$
Jahreszahl: $\quad 12 = 1 + 2 = 3$
Gesamtzahl: $\quad 14 = 1 + 4 = 5$

Schicksalsjahre: $\quad 1542$
+ Quersumme: $\quad\quad \underline{12}$

1. Schicksalsjahr: 1554
+ Quersumme: 15
2. Schicksalsjahr: 1569
† 18.   2.   1   5   8   7
= 18 + 2 + (1 + 5 + 8 + 7)
Schloß F o t h e r i n g h a y
8+7+4+5+5+2+1+5+3+5+1+1
     = 47 = 4 + 7 = 11
     (11 = 1 + 1 = 2)

Tageszahl: 18 = 1 + 8 = 9
Monatszahl: 2
Jahreszahl: 21 = 2 + 1 = 3
Gesamtzahl: 9 + 2 + 3 = 14 = 1 + 4 = 5

Maria Stuart gehört durch ihre Geburtstagszahl 8 zu den Achtern, von denen es heißt, daß
sie ein schweres Leben haben und nur selten
ihrem harten Schicksal entgehen können. Ihr
Leben wird von Verfolgungen und Anfeindungen
bestimmt. Macht und Untergang, Erfolge und
Mißerfolge liegen bei den Achtern dicht beieinander. Schon durch ihre Geburtstagszahl deutet sich bei Maria Stuart das tragische Ende an,
denn die Acht ist ja auch ein Symbol für das
Jenseits und den Tod.

Die Monats- und Jahreszahl aus ihrem Geburtsdatum lautet jeweils 3, was auf Ehrgeiz,
Phantasie und Vielseitigkeit schließen läßt. Die
Gesamtzahl ihres Geburtsdatums aber lautet 5,
die sowohl der Gesamtzahl ihres Sterbedatums
als auch ihrer Namenszahl entspricht. Die Fünf
ist die Zahl der Glücksspieler und Spekulanten,
die alles auf eine Karte setzen, um an ihr Ziel
zu gelangen. Um ihre Pläne verwirklichen zu

Maria Stuart, Königin von Schottland (1542–1587).
Gemälde von Jean Clouet.

können, scheute Maria Stuart nicht vor Mordabsichten zurück. Die numerologische Berechnung zeigt deutlich, daß sie nicht die unschul-
dige tragische Person ist, die Schiller in seinem
Drama verherrlicht hat.

Die negative Ausdeutung der Fünf deutet auf
ein undurchschaubares, geheimnisvolles und un-
ruhiges Wesen, das aufbrausend, rücksichtslos
und genußsüchtig ist. Dabei zeigt sich auch ein
Hinweis auf ihr höchst instabiles Liebesleben,
das sicher nicht ganz frei von Exzessen, Ausschweifungen und Perversitäten war. Hier
könnte der Schlüssel liegen, warum ihr so viele
Männer hörig waren, die dann bedenkenlos ihre
Mordabsichten in die Tat umsetzten.

Auffällig ist, daß die Zahlen ihres Geburtsortes und ihres Sterbeortes gleichlautend 11 ist.
Elf aber ist die Zahl des Verzichts und des
Märtyrertums. In Verbindung mit den Geburts-
und Sterbezahlen zeigt sich hier eine merkwür-
dige Übereinstimmung.

Die Anlage zur Gewalttätigkeit zeigt sich bei
Maria Stuart auch in der 4, die häufigste Zahl
in ihrem Namen, die insgesamt sechsmal auftritt. Vier ist die Zahl des Elends und der
Niederlage.

Sowohl die Herzzahl als auch die Persönlichkeitszahl lautet bei Maria Stuart 7, d. h. daß sie
ihrer Umwelt so erschien, wie sie wirklich war.
Auf der einen Seite war sie würdig, selbstbeherrscht und reserviert, auf der anderen Seite
zeigte sich ihr ernstes Wesen mit dem Hang zum
Düsteren und Ausgefallenen. In ihren letzten

Lebensjahren war sie pessimistisch, enttäuscht und unnahbar.

Betrachten wir einmal ihre besonderen Schicksalsjahre, so ergibt sich zuerst das Jahr 1554. Tatsächlich erhielt die zwölfjährige zukünftige Königin in diesem Jahr ihren ersten Hofstaat auf Vermittlung des Kardinals von Lothringen. Die unbeschwerten Kinderjahre waren vorüber. In Verbindung mit ihrer Geburtstagszahl und ihrem Geburtsmonat errechnen wir für das Jahr 1554: $8 + 12 + 1 + 5 + 5 + 4 = 35 = 3 + 5 = 8$. Und wieder ergibt sich die verhängnisvolle Acht, gleichlautend mit ihrer Geburtstagszahl. Die Tatsache, daß in diesem Jahr die ersten königlichen Würden dem Mädchen aufgebürdet wurden, war für ihr weiteres Schicksal bestimmend.

Das zweite Schicksalsjahr für Maria Stuart ergibt sich für das Jahr 1569. Nachdem sie 1568 nach England fliehen konnte, wurde sie dort für schuldig befunden. 1569 begannen Marias Leiden in der Haft. Für dieses Jahr ergibt sich die Zahl $8 + 12 + 1 + 5 + 6 + 9 = 41 = 4 + 1 = 5$, die offensichtlich zu ihrer Schicksalszahl wurde (gleichlautend mit ihrer Namenszahl, ihren Geburts- und Sterbezahlen).

MATA HARI
DIE SCHÖNE SPIONIN

Jahrzehntelang beflügelte das Schicksal der Tänzerin Mata Hari die Phantasie der Schriftsteller. Am 7. August 1876 kam sie unter dem bürgerlichen Namen Margarete Zelle in Leeuwarden in Holland als Tochter eines Hutmachers zur Welt. Der Freiheitsdrang des abenteuerlustigen und sehr schönen Mädchens machte sich schon früh bemerkbar. Durch eine Heiratsanzeige lernte sie, damals siebzehn Jahre alt, den um zwanzig Jahre älteren Kolonialoffizier Rudolf Campell Mac Leod kennen, dem sie nach Indonesien folgte, wo sie zwei Kinder gebar.

Die Ehe verlief jedoch unglücklich. Margarete ließ sich in Paris nieder, wo sie eine der berühmtesten Nacktänzerinnen jener Zeit wurde und sich von da an Mata Hari (indonesisch „Auge der Morgendämmerung") nannte. Die von ihr erfundene Biographie machte die „javanische Tempeltänzerin" noch attraktiver in den Augen der sie verehrenden Männer.

Sie erzählte, sie sei die Enkelin einer niederländischen Baronin. Ihre Mutter habe einen reichen Plantagenbesitzer namens Zelle geheiratet. Als Vierzehnjährige sei sie in ein buddhistisches Kloster in Burma eingetreten, wo sie in religiösen Tänzen unterrichtet worden sei. Aus dem streng bewachten Frauenhaus sei sie von Mac Leod entführt und nach Europa gebracht worden.

Viele leidenschaftliche Liebesabenteuer wurden der Tänzerin nachgesagt. Von den Frauen beneidet und gehaßt, genoß sie es, durch ihre Reize über die Männerwelt zu herrschen.

Da sie das Spiel mit der Gefahr reizte, nahm sie Kontakt mit feindlichen Geheimdiensten auf, wurde entlarvt und schließlich als Spionin verurteilt. Am 15. Oktober 1917 wurde sie auf dem Schießstand der düsteren Festung Vincennes von einem zwölf Mann starken Peloton erschossen.

M a r g a r e t e   Z e l l e
4+1+2+5+1+2+5+4+5 + 7+5+3+3+5

$$= \quad 27 \quad + \quad 23$$

Namenszahl: $50 = 5 + 0 = 5$
Herzzahl: $22 \quad (2 + 2 = 4)$
Persönlichkeitszahl:
$\qquad\qquad 28 = 2 + 8 = 10 = 1 + 0 = 1$

M a t a   H a r i
4+1+4+1 + 5+1+2+1

$$= \quad 10 \quad + \quad 9$$

Namenszahl: $19 = 1 + 9 = 10 = 1 + 0 = 1$
Herzzahl: 4
Persönlichkeitszahl:
$\qquad\qquad 15 = 1 + 5 = 6$

* 7. 8.   1 8 7 6   L e e u w a r d e n
$= 7+8+(1+8+7+6)$ 3+5+5+6+6+1+2+4+5+5
Geburtstagszahl: 7 $= 42 = 4 + 2 = 6$
Monatszahl: 8
Jahreszahl: $22 \ (2 + 2 = 4)$
Gesamtzahl: $37 = 3 + 7 = 10 = 1 + 0 = 1$

Schicksalsjahre: 1876
+ Quersumme: 22
1. Schicksalsjahr: $\overline{1898}$

† 15. 10.   1   9   1   7
= 15 + 10 + (1 + 9 + 1 + 7)

V i n c e n n e s
6+1+5+3+5+5+5+5+3
= 38 = 3 + 8 = 11 (1 + 1 = 2)

Tageszahl: 1 + 5 = 6
Monatszahl: 1 + 0 = 1
Jahreszahl: 18 = 1 + 8 = 9
Gesamtzahl: 16 = 1 + 6 = 7

Nach ihrer Geburtstagszahl 7 gehört Margarete Zelle zu den Siebenern. Diese lieben das
Abenteuer, reisen gern und sind von einem un-
stillbaren Erlebnishunger beseelt. Das trifft sicher
auf diese außergewöhnliche Frau zu. Die Personen, die der Sieben unterstehen, reizt das
Geheimnisvolle – und so hat es Mata Hari ver-
standen, eine interessante Lebensgeschichte zu
erfinden. Nicht zuletzt durch diesen Einfluß er-
wuchs wohl auch ihr Interesse für eine geheim-
dienstliche Tätigkeit. Die Sieben zeigt aber auch,
daß sie im Grund ihres Herzens eine Einzel-
gängerin war.

Durch ihren Namenswechsel veränderte sich
die Zahl ihres bürgerlichen Namens von 5 zu 1.
Ursprünglich reisefreudig und abenteuerlustig,
bildete sich bald – nicht zuletzt durch ihre Erfolge bedingt – eine selbstbewußte und ehrgeizige Persönlichkeit heraus, wobei aber auch
deutlich die mangelnde Fähigkeit zum Ausdruck
kam, tiefe Liebe zu empfinden.

Mata Hari (Margarete Zelle), 1876–1917.

In der gleichbleibenden Herzzahl 4 zeigt sich,
daß sie unter diesem mangelnden Gefühl gelitten
hat. Die ursprüngliche Persönlichkeitszahl 1
änderte sich bei Annahme ihres Künstlernamens
zu 6, die Zahl des weiblichen Sex, der auf die
Männer wie elektrisierend wirkte. Das war ja
wohl auch ihre Absicht.

Dennoch zeigt sich durch die anderen errechneten Daten, daß sie im Grund weniger von
erotischen Gefühlen beherrscht wurde und nur
geschickt mit ihren Reizen die Männer an sich zu
fesseln verstand. Paris (Namenszahl 6) eignete
sich glänzend für ihre Karriere. Merkwürdiger-
weise lautet auch die Namenszahl ihrer Geburtsstadt 6. Und noch einmal zeigt sich diese Zahl in
verhängnisvoller Eigenschaft, denn die Tageszahl
ihres Sterbedatums lautet ebenfalls 6, während
die Gesamtzahl ihres Todesdatums 7 lautet, das
Symbol für Einsamkeit und Isolation. Die Zahl
ihres Sterbeortes ist demgegenüber 11, das
Symbol für Verzicht und Märtyrertum.

Berechnet nach dem Geburtsjahr, fällt das einzige Schicksalsjahr von Mata Hari in das Jahr
$1876 + 22 = 1898$. In Verbindung mit ihrer Ge-
burtstags- und Monatszahl ergibt sich $7 + 8 +$
$1 + 8 + 9 + 8 = 41 = 4 + 1 = 5$. Dieses Jahr
muß für sie sehr aufregend gewesen sein, denn
es deutet auf abenteuerliche Unternehmungen
und Risiken, Reisen und zahlreiche Abwechslungen.

FERDINAND SAUERBRUCH
HELFER DER LEIDENDEN MENSCHHEIT

ekannt und berühmt wurde Geheimrat Professor Dr. Ferdinand Sauerbruch durch die Erfindung einer bahnbrechenden Operationsmethode, die es ermöglichte, auch Eingriffe am geöffneten Brustkorb vorzunehmen. Von seinen Bewunderern in aller Welt wurde er „König der Chirurgen" genannt.

Ferdinand Sauerbruch kam am 3. Juli 1875 in Barmen (heute Ortsteil von Wuppertal) zur Welt. Die häuslichen Verhältnisse waren ärmlich. Als der Vater, ein mittelloser Mechaniker, an der Schwindsucht starb, fanden Ferdinand und seine Mutter Zuflucht bei dem Großvater, der als Schuhmacher sein kärgliches Brot verdiente. In seiner Jugend lernte Ferdinand Schwierigkeiten und Entbehrungen kennen. Doch die ehrgeizige Mutter wollte, daß ihr Sohn studieren sollte. Nachdem die kleinen Ersparnisse der Mutter aufgebraucht waren, hungerte sich Sauerbruch mit Gelegenheitsarbeiten durch das Medizinstudium.

Mit 33 Jahren wurde er Professor in Marburg, 1911 in Zürich und 1918 in München. 1928 erhielt er einen Ruf an die berühmte Charité nach Berlin. Sauerbruch entwickelte verschiedene neue operative Techniken. 1916 gelang es ihm, bewegliche Prothesen durch Gliedstumpfmuskeln zu konstruieren. Nachdem er bereits 1911 seine *Technik der Thoraxchirurgie* veröffentlicht hatte, erschien 1920 sein grundlegendes Lehrwerk *Die Chirurgie der Brustorgane.*

Aus Dankbarkeit für die geglückte Operation spendete König Georg V. von England im Jahr 1931 eine Million Reichsmark zur Modernisierung der Berliner Kliniken. Ferdinand Sauerbruchs Lebensaufgabe war es, auf dem Gebiet der Chirurgie neue Wege zu finden, um der leidenden Menschheit helfen zu können. Er starb am 2. Juli 1951, einen Tag von seinem 76. Geburtstag, in Berlin.

F e r d i n a n d   S a u e r b r u c h

$$= \frac{8+5+2+4+1+5+1+5+4}{35} + \frac{3+1+6+5+2+2+2+6+3+5}{35}$$

Namenszahl: $70 = 7 + 0 = 7$
Herzzahl: $25 = 2 + 5 = 7$
Persönlichkeitszahl:
$$45 = 4 + 5 = 9$$

✳ 3. 7.   1   8   7   5   B a r m e n
$$= 3+7+(1+8+7+5) \quad 2+1+2+4+5+5$$

Geburtstagszahl: 3 $= 19 = 1 + 9 = 10$
Monatszahl: 7 $= 1 + 0 = 1$
Jahreszahl: 3
                        ___
Gesamtzahl: $13 = 1 + 3 = 4$

Schicksalsjahre: 1875
+ Quersumme: 21
                              ____
1. Schicksalsjahr: 1896
+ Quersumme: 24
                              ____
2. Schicksalsjahr: 1920
+ Quersumme: 12
                              ____
3. Schicksalsjahr: 1932
+ Quersumme: 15
                              ____
4. Schicksalsjahr: 1947

† 2. 7. 1 9 5 1 B e r l i n
= 2+7+(1+9+5+1) 2+5+2+3+1+5

Tageszahl:	2	= 18 = 1 + 8 = 9
Monatszahl:	7	
Jahreszahl:	7	
Gesamtzahl:	$\overline{16}$ = 1 + 6 = 7	

Ferdinand Sauerbruch ist mit der Geburtstagszahl 3 ein typisches Beispiel für die positiven Dreier, die ehrgeizig sind und sich nicht mit untergeordneten Positionen zufriedengeben. So wie Sauerbruch verstehen es die Dreier, sich selbst aus ungünstigen Positionen emporzuarbeiten. Daß dieser große Chirurg auch zuweilen sehr hochmütig und herrschsüchtig sein konnte, sollte nicht verschwiegen werden. Auch dieser Charakterzug gehört zu den Dreiern.

Hauptsächlich scheint jedoch neben der Drei die 7 schicksalbestimmend gewesen zu sein, denn dieser Zahl begegnen wir insgesamt sechsmal in der numerologischen Berechnung Sauerbruchs (Namenszahl, Herzzahl, Monatszahl des Geburtsdatums, Monats-, Jahres- und Gesamtzahl des Todesdatums). Die Sieben verleiht Intelligenz und Phantasie, Würde und Reserviertheit und macht opferbereit, wie es bei dem ärztlichen Beruf notwendig ist. Aber auch die Veranlagung zur wissenschaftlichen Arbeit ist in der Sieben begründet.

Bei der Gesamtbeurteilung fällt auf, daß in der Berechnung nahezu ausschließlich starke und ungerade (männliche) Zahlen auftreten, lediglich die Gesamtzahl von Sauerbruchs Geburtsdatum ist eine gerade (4) neben der Tageszahl seines Sterbedatums (2). Während die 4 auf die anfänglichen wirtschaftlichen Schwierigkeiten hinweist, deutet die 2 eine leidende Phase („den Tod erleiden") an.

Die 5 ist die häufigste Buchstabenzahl des Namens (insgesamt fünfmal). Sie steht symbolisch für die Begeisterungsfähigkeit, Beweglichkeit, Vielseitigkeit und Intelligenz dieses bedeutenden Mannes.

Die äußere Persönlichkeit wird durch die 9 charakterisiert. Neun enthält die höhere Potenz seiner Geburtstagszahl 3. Diese Vollendungszahl ist ein Symbol für hohe geistige Errungenschaften und macht hochherzig, idealistisch, leidenschaftlich, hilfreich, willensstark, begeisterungsfähig und inspirierend.

Das erste Schicksalsjahr für Ferdinand Sauerbruch errechnen wir für das Jahr 1896. In Verbindung mit der Geburtstags- und Monatszahl errechnen wir: $3 + 7 + 1 + 8 + 9 + 6 = 34 = 3 + 4 = 7$. Wieder ist es diese schicksalhafte Zahl, die wir bereits charakterisiert haben. Der 21jährige widmete sich trotz großer Entbehrungen ernsthaft seinem Medizinstudium.

Das zweite Schicksalsjahr 1920 ergibt die Zahl: $3 + 7 + 1 + 9 + 2 + 0 = 22$, die Zahl des Meisters. In diesem Jahr erschien Sauerbruchs grundlegendes medizinisches Lehrbuch zur Chirurgie der Brustorgane. Das dritte Schicksalsjahr 1932 stand wieder unter dem Einfluß der 7 $(3 + 7 + 1 + 9 + 3 + 2 = 25 = 2 + 5 = 7)$, während das letzte Schicksalsjahr 1947 unter dem weniger günstigen Einfluß der 4 gestanden hat $(3 + 7 + 1 + 9 + 4 + 7 = 31 =$

Geheimrat Prof. Dr. Ferdinand Sauerbruch
(1875–1951).

$3 + 1 = 4$), die Zahl der Dunkelheit und Niederlage.

Das Sterbejahr 1951 in Verbindung mit der
Geburtstags- und Monatszahl zeigt die letzte,
die leidende Phase dieses bedeutenden Chirurgen, denn dieses Jahr stand unter dem Einfluß
der 8 ($3 + 7 + 1 + 9 + 5 + 1 = 26 = 2 + 6 = 8$).

KONRAD ADENAUER
DER GROSSE „ALTE" AUS RHÖNDORF

weifellos gehört Konrad Adenauer zu den bedeutendsten Politikern der deutschen Nachkriegsgeschichte. Selbst seine politischen Gegner haben das Geschick dieses Staatsmannes bewundert, der als erster deutscher Bundeskanzler das Schicksal seines Landes vierzehn Jahre lang, von 1949 bis 1963, entscheidend mitbestimmte.

Am 5. Januar 1876 in Köln geboren, wuchs Adenauer in beengten Verhältnissen auf. Nach dem Studium der Rechtswissenschaft und Volkswirtschaft war er zuerst als Beamter an verschiedenen Gerichten tätig. Von 1917 bis 1933 war er Oberbürgermeister von Köln und von 1920 bis 1933 Mitglied und Präsident des Preußischen Staatsrates. Von den Nationalsozialisten 1933 aller Ämter enthoben, wurde er 1944 von der Gestapo wegen seiner „staatsfeindlichen" Gesinnung verhaftet.

Im Mai 1945 wurde Adenauer von den amerikanischen Militärbehörden zum Oberbürgermeister von Köln ernannt, doch noch im gleichen Jahr von der britischen Militärregierung wieder entlassen. Er war Gründungs- und Vorstandsmitglied der 1945 gegründeten CDU des Rheinlandes und seit 1946 CDU-Fraktionsvorsitzender im Landtag von Nordrhein-Westfalen. Am 15. September 1949 wählte der erste Bundestag Adenauer zum Bundeskanzler.

Durch geschickte diplomatische und innenpolitische Schachzüge gelang es ihm, sowohl mit den Sowjets als auch mit den später verbündeten westlichen Regierungen sowie mit den politischen Gegnern im Land in harten Verhandlungen außen- und innenpolitische Erfolge zu erzielen.

Am 15. Oktober 1963 wurde Konrad Adenauer als Bundeskanzler vom deutschen Bundestag verabschiedet. Der 87jährige „Alte von Rhöndorf", wie er genannt wurde, blieb aber noch weiterhin Bundestagsabgeordneter und bis 1966 Vorsitzender der CDU. Nach seinem 90. Geburtstag 1966 gab Adenauer den Parteivorsitz an seinen Nachfolger Professor Ludwig Ehrhard ab.

Nach kurzer, schwerer Krankheit starb Konrad Adenauer, zwanzigfacher Ehrendoktor in- und ausländischer Universitäten und Inhaber zahlreicher Orden und Auszeichnungen, am 19. April 1967 in Rhöndorf bei Bonn.

K o n r a d   A d e n a u e r
2+7+5+2+1+4 + 1+4+5+5+1+6+5+2
=   21   +   29

Namenszahl: $21 + 29 = 50 = 5 + 0 = 5$
Herzzahl: $26 = 2 + 6 = 8$
Persönlichkeitszahl:
               $24 = 2 + 4 = 6$

* 5. 1.   1 8 7 6   K o e l n
= 5+1+(1+8+7+6)   2+7+5+3+5

Geburtstagszahl: 5 $= 22(2 + 2 = 4)$
Monatszahl: 1
Jahreszahl: $22(2 + 2 = 4)$
Gesamtzahl: $28 = 2 + 8 = 10 = 1 + 0 = 1$

Schicksalsjahre: 1876
+ Quersumme: 22
1. Schicksalsjahr: 1898
+ Quersumme: 26
2. Schicksalsjahr: 1924
+ Quersumme: 16
3. Schicksalsjahr: 1940
+ Quersumme: 14
4. Schicksalsjahr: 1954

$* \ 19. \ 4. \ \ 1 \ 9 \ 6 \ 7 \quad R \ h \ o \ e \ n \ d \ o \ r \ f$
$= 19 + 4 + (1 + 9 + 6 + 7) \quad {}_{2+5+7+5+5+4+7+2+8}$
$$= 45 = 4 + 5 = 9$$

Tageszahl: $1 + 9 = 10 = 1$
Monatszahl: **4**
Jahreszahl: $23 = 2 + 3 = 5$
Gesamtzahl: $\overline{10} = 1 + 0 = 1$

Nach seiner Geburtstagzahl 5 gehört Konrad Adenauer zu den Fünfern, zu der Zahl, die auch für die Bundesrepublik Deutschland schicksalhaft ist (vgl. den Abschnitt *Zahlen waren ihr Schicksal* dieses Buches). Diese kosmische Zahl Adenauers zeigt, daß er ein guter Menschenkenner war, was bei allen seinen politischen Unternehmungen sich als sehr vorteilhaft herausstellte. Seine Schlagfertigkeit, gewürzt mit rheinischem Humor, war geradezu sprichwörtlich. Vielseitig, beweglich und intelligent, impulsiv und lebhaft verstand er es, seine Ideen und Vorstellungen durchzusetzen. Er war zwar leicht reizbar, doch fehlte bei ihm die negative Eigenschaft der mangelnden Ausdauer – im Gegenteil, denn er konnte ausgesprochen „stur" sein. Die Charaktereigenschaften der Fünf zeigten sich bei ihm

Dr. h. c. Konrad Adenauer (1876–1967).

verstärkt, denn fünf ist auch die häufigste Buchstabenzahl (viermal) in seinem Namen.

Die Zähigkeit und Durchsetzungskraft, die sonst den Fünfern fehlt, ist bei Adenauer durch die Monatszahl 1 seines Geburtsdatums ausgewiesen. Seine erfolgreiche politische Tätigkeit zeigt sich in der Jahreszahl 22 seines Geburtsdatums – das ist die Zahl des Meisters. Die Gesamtzahl seines Geburtsdatums lautet 1 und verstärkt die charakteristischen Eigenschaften von Zähigkeit, Ausdauer, Originalität und Tatkraft.

Der Geburtstagszahl 5 entspricht in harmonischer Übereinstimmung die gleichlautende Namenszahl. Nur dadurch ist es zu erklären, daß Konrad Adenauer selbst noch in hohem Alter eine unglaubliche Aktivität entwickeln konnte. Der Jahreszahl 22 seines Geburtsdatums entspricht die Namenszahl seiner Geburtsstadt. Die Fünf machte ihn für den juristischen Beruf, der ihm in der Politik höchst nützlich war, geeignet.

Die Herzzahl 8 zeigt in ihrer positiven Ausdeutung eine starke, widerstandsfähige und praktisch veranlagte Persönlichkeit, die wirtschaftlich denken kann, während die Persönlichkeitszahl 6 Gewissenhaftigkeit, Idealismus für die Sache, Tüchtigkeit und Gründlichkeit ausweist. Allerdings fehlt das Friedliche und Ausgeglichene der Sechs, da der unruhige Einfluß der Fünf überwiegt.

Das erste Schicksalsjahr wird für den 22jährigen Adenauer 1898 errechnet. Im Zusammenhang mit seiner Geburtstags- und Geburtsmonatszahl ergibt sich: $5 + 1 + 1 + 8 + 9 + 8 = 32 = 3 + 2 = 6$, die Zahl der harmonischen

Ausgeglichenheit. Für 1924 errechnen wir:
$5+1+1+9+2+4 = 22 = 2 + 2 = 4$, was
auf einen wirtschaftlichen Fehlschlag schließen
läßt. Das Jahr 1940 stand unter dem Einfluß
der 2 ($5+1+1+9+4+0 = 20 = 2 + 0 = 2$).
In dieser Zeit begann für Konrad Adenauer die
leidvolle Erfahrung des Krieges. 1954 – mit der
Schicksalszahl 7 ($5+1+1+9+5+4 = 25 =
2 + 5 = 7$) — erweist sich in geistigen und be-
ruflichen Dingen als günstig, weniger allerdings
in persönlicher Hinsicht. Dieses Jahr stand im
Zeichen des Ringens um die Europäische Ver-
teidigungsgemeinschaft, die jedoch durch die
französische Kammer abgelehnt wurde.

Adenauer suchte nun nach einer anderen Lö-
sung des Sicherheitsproblems und unterzeichnete
am 23. (Schicksalszahl 5!) Oktober 1954 in Paris
eine Reihe von Verträgen, die die Aufnahme der
Bundesrepublik in die NATO, die Bildung einer
umgestalteten Westeuropäischen Union (WEU)
und die Saarfrage zum Gegenstand hatten.

Die Zahl des Todesjahres von Konrad Adenauer, 1967, lautet entsprechend seiner Geburts-
tags- und Namenszahl 5 ($1+9+6+7 = 23 =
2 + 3 = 5$), die Zahl seines Sterbemonats 4 ent-
spricht der Jahreszahl seines Geburtsdatums,
während seine Sterbetagszahl 1 sowohl seiner
Geburtsmonatszahl als auch der Gesamtzahl seines Geburtsdatums entspricht. So wiederholen
sich auf geheimnisvolle Weise alle Zahlen des
Geburtsdatums von Konrad Adenauer in seinem
Sterbedatum — nur in anderer Reihenfolge.

HERBERT VON KARAJAN
MAGIER DES TAKTSTOCKS

igenwillig ist er sicher, der berühmte und gefeierte Dirigent Herbert von Karajan, der am 5. April 1908 in Salzburg als Herbert von Karajanopoulos das Licht der Welt erblickte. Seit frühester Jugend mit der Musik vertraut, trat er bereits als fünfjähriger Wunderknabe am Klavier vor die Öffentlichkeit. Mit neunzehn Jahren dirigierte er Beethovens *Fidelio* mit so großem Erfolg, daß er einen Siebenjahresvertrag als Korrepetitor und Opernkapellmeister in Ulm erhielt.

Schon zu dieser Zeit galt seine Stabführung als einmalig, so daß er nach Berlin berufen wurde, wo seine Konzerte begeistert gefeiert wurden. Dann kam der Krieg und machte alle Hoffnungen zunichte. Karajan ging 1945 nach Wien und unternahm von dort Gastspielreisen in alle Welt. Mit welchen Orchestern er auch arbeitete, ob Wiener oder Berliner Philharmoniker, ob Londoner, New Yorker oder Mailänder Orchester, überall feierte er sensationelle Erfolge. Bei den Salzburger Festspielen ist er regelmäßig mit Konzerten und Operninszenierungen vertreten.

Bereits in den dreißiger Jahren nannten ihn seine Kritiker „das Wunder Karajan". Voller Dynamik arbeitete dieses musikalische Genie wie ein Besessener. Neben seinem ungewöhnlichen organisatorischen Talent zeigte sich außerdem noch eine sportliche Note. Herbert von Karajan schätzt schnelle Autos und fliegt seine eigene Sportmaschine. Seine nach ihm benannten Stiftungen umfassen einen Förderungspreis für junge Nachwuchsmusiker und das Musiktherapeutische Institut an der Universität Salzburg. Schon die alten Kulturvölker heilten vor mehreren tausend Jahren Krankheiten mit Musik. Diese Therapie wurde heute von der modernen Wissenschaft wiederentdeckt.

H e r b e r t   v o n   K a r a j a n
5+5+2+2+5+2+4 + 6+7+5 + 2+1+2+1+1+1+5
$=$ 25 $+$ 18 $+$ 13

(K a r a j a n o p o u l o s)
(2+1+2+1+1+1+5+7+8+7+6+3+7+3)
($=$ 54   )

Namenszahl: $56 = 5 + 6 = 11 (= 1 + 1 = 2)$
             $(97 = 9 + 7 = 16 = 1 + 6 = 7)$

Herzzahl: $20 = 2 + 0 = 2$
             $(47 = 4 + 7 = 11 = 1 + 1 = 2)$

Persönlich- $36 = 3 + 6 = 9$
keitszahl: $(50 = 5 + 0 = 5)$

$*$ 5. 4. 1 9 0 8   S a l z b u r g
$= 5+4+(1+9+0+8)$ 3+1+3+7+2+6+2+3
                         $= 27 = 2 + 7 = 9$

Geburtstagszahl: 5
Monatszahl: 4
Jahreszahl: $1 + 8 =$ 9
Gesamtzahl: $\overline{18} = 1 + 8 = 9$

Schicksalsjahre:	1908
+ Quersumme:	18
1. Schicksalsjahr:	1926
+ Quersumme:	18

Herbert von Karajan, geboren 1908.

2. Schicksalsjahr:	1944
+ Quersumme:	18
3. Schicksalsjahr:	1962
+ Quersumme:	18
4. Schicksalsjahr:	1980

Herbert von Karajan gehört ebenfalls zu den dynamischen und ruhelosen Persönlichkeiten, die der Geburtstagszahl 5 unterstehen. Der Planetenbeherrscher Merkur begünstigt alle finanziellen Vorhaben. Die Krankheitsdisposition besteht vor allen Dingen in den Bereichen der Atmungsorgane und des Nervensystems. Die Fünfer zeichnen sich durch Impulsivität und Lebhaftigkeit, Intelligenz und Vielseitigkeit aus. Die Eigenwilligkeit dieses bedeutenden Musikers zeigt sich in der Monatszahl 4 seines Geburtsdatums. Seine individuelle Interpretation musikalischer Werke macht ihn zum „Meister des Taktstocks".

Neben der Fünf scheint vor allem die 9 für ihn schicksalsbestimmend zu sein. Herbert von Karajans Geburtsjahreszahl, die Zahl seines gesamten Geburtsdatums, die Namenszahl seiner Geburtsstadt und seine Persönlichkeitszahl lauten übereinstimmend neun. Die Verdoppelung dieser Zahl und auch die Multiplikation der Neun mit seiner Herzzahl ($9 + 9 = 18$; $9 \times 2 = 18$) zeigt sich gleichbleibend in den Quersummen seiner Schicksalsjahre, deren Digitalzahl wiederum neun lautet.

Die Neun bezeichnet eine Kämpfernatur von starkem Willen und . Durchsetzungsvermögen. Neuner haben Erfolg und wissen ihre Fähigkeiten und ihren Charme geschickt einzusetzen.

Der Wechsel seines Geburtsnamens (Karajano-poulos) zu seinem Künstlernamen (Karajan) können wir unberücksichtigt lassen, da seine Erfolge unter seinem Künstlernamen zu verbuchen sind.

Bei diesem starken Charakter reduzieren wir die Namenszahl 11 (die im übrigen mit der Herzzahl seines bürgerlichen Namens korrespondiert) nicht auf zwei. Elf beweist intuitive Fähigkeiten, wobei ähnliche positive Eigenschaften zum Ausdruck kommen, wie sie der Neun zugesprochen werden – nur auf höherer Ebene. Die Elf zeigt Vitalität, Opferbereitschaft und große Leistungen, in diesem Fall auf künstlerischem Gebiet.

Die Herzzahl 2 steht allerdings im Widerspruch zu den übrigen errechneten Zahlen, was zu gewissen inneren Spannungen führen kann. Im übrigen überwiegen aber die starken Zahlen 5 und 9, so daß der Einfluß der Zwei selten zum Ausdruck kommt. Ein Blick auf die Herzzahl des bürgerlichen Namens zeigt überdies, daß dort die Zwei zur 11 sich erhöht zeigt. Die Zwei ist jedoch nicht ganz ohne Einfluß auf die Persönlichkeit Herbert von Karajans, denn sie taucht neben der Fünf insgesamt fünfmal als Buchstabenzahl in seinem Namen auf.

Alle Schicksalsjahre Herbert von Karajans werden von der Zahl 9 bestimmt, denn:

5. 4. 1926 =
$5+4+1+9+2+6 = 27 = 2 + 7 = 9$
5. 4. 1944 =
$5+4+1+9+4+4 = 27 = 2 + 7 = 9$
5. 4. 1962 =
$5+4+1+9+6+2 = 27 = 2 + 7 = 9$

5. 4. 1980 =
$5+4+1+9+8+0 = 27 = 2 + 7 = 9$

Jahre, die der Zahl Neun unterstehen, weisen auf das Erreichen eines hohen Zieles hin, wobei der Erfolg nicht ausbleibt.

ELIZABETH TAYLOR – RICHARD BURTON DAS FILMSTAR-PAAR

in Jahr nach ihrer Scheidung heirateten sie ein zweites Mal: die Filmschauspielerin Elizabeth Taylor und der Bühnen- und Filmstar Richard Burton. Die Trauung fand am 8. Oktober 1975 in der afrikanischen Republik Botswana statt. Für Elizabeth Taylor war es die sechste, für Burton die dritte Eheschließung.

Elizabeth Taylor wurde am 27. Februar 1932 in London geboren. Ihr Vater war Kunsthändler, ihre Mutter Schauspielerin, beide Amerikaner. Elizabeth war ein ausgesprochen schönes Kind, erhielt Ballettunterricht und 1942 ihre erste Filmrolle in dem Film *Heimweh* mit dem Shetland-Hund Lassie. Seit 1945 folgten weitere Filme. Ab 1956 drehte sie jährlich ein bis zwei Filme, die alle Welterfolge wurden, darunter *Giganten* mit James Dean, *Die Katze auf dem heißen Blechdach*, *Plötzlich im letzten Sommer*, *Cleopatra* und *Wer hat Angst vor Virginia Woolf?*. Mehrfach mit dem begehrten „Oscar" ausgezeichnet, erhielt Elizabeth Taylor für einen Film durchschnittlich vier Millionen Mark Gage.

In erster Ehe war sie vom Mai 1950 bis Januar 1951 mit dem Hotelier Conrad Hilton jr. verheiratet. Aus der zweiten Ehe, die vom Februar 1952 bis Januar 1957 dauerte, mit dem Schauspieler Michael Wilding stammen zwei Söhne. Im Februar 1957 heiratete Elizabeth in dritter Ehe den Hollywood-Produzenten Mike

Elizabeth Taylor, geboren 1932.

Todd, der im März 1958 bei einem Flugzeug-
unglück ums Leben kam. Aus dieser Ehe stammt
eine Tochter. Im Mai 1959 ging die Schauspielerin eine vierte Ehe mit dem Schlagersänger
Eddie Fischer ein. Doch auch diese Verbindung
hielt nicht lange. Nach der Scheidung im Dezember 1963 heiratete der hochbezahlte Star im
März 1964 den Film- und Bühnenschauspieler
Richard Burton. Als auch diese Ehe wegen Burtons Brutalität und Trunksucht im Juni 1974
geschieden wurde, versicherte Elizabeth:

„Ich liebe Richard, wir lieben uns sehr, sind
aber überzeugt, daß es notwendig ist, uns zu
trennen. Wir werden gute Freunde bleiben."

Im August 1975 trafen sich beide zu Dreharbeiten in der Schweiz wieder. Der neue Film-
stoff des Drehbuchautors und Regisseurs Wolf
Follmar unter dem Titel *Abakarov* war im
Grunde die Geschichte der Ehe Taylor—Burton
und handelte von der Haßliebe zwischen einem
brutalen Trinker und einer berühmten Filmschauspielerin. Follmar sagte damals:

„Sie waren erst sehr sachlich und gingen das
Buch gemeinsam durch. An der Stelle, an der
der Trunkenbold der Schauspielerin wieder einmal eine furchtbare Szene macht, traten Elizabeth Tränen in die Augen . . ."

Zwei Monate später war das geschiedene
Paar zum zweiten Mal verheiratet.

Richard Burton wurde unter seinem eigentlichen Namen Richard Jenkins am 10. November 1925 als zweitjüngstes unter 13 Kindern
eines Bergmannes in Pontrhydfen in Süd-Wales,

England, geboren. Als er zwei Jahre alt war, verlor er seine Mutter. Die Jugend verlief hart und war voller Entbehrungen. Die außerordentliche Intelligenz des Jungen fiel seinem Lehrer Philipp Burton auf, der ihm auch ein Stipendium an der Universität Oxford verschaffte. Aus Dankbarkeit nannte sich Richard Jenkins später nach seinem Mentor Burton. Mit 18 Jahren trat er zuerst in dem Bühnenstück *Druid's Rest* am Royal Court Theatre in Liverpool auf. Bekannt wurde er vor allem durch seine Leistungen in Christopher Frys vielgespieltem Bühnenstück *Die Dame ist nicht fürs Feuer,* mit dem er 1950 auch am New Yorker Broadway gastierte, und als Shakespeare-Darsteller.

Richard Burton drehte seit 1948 zahlreiche Filme. 1949 heiratete er die englische Schauspielerin Sybil Williams. Aus dieser Ehe, die 1963 geschieden wurde, stammen zwei Töchter. Bei den Dreharbeiten zum Film *Cleopatra* lernte er Elizabeth Taylor kennen, die dann seine zweite und dritte Frau wurde. Seine berühmten Filmrollen spielte er unter anderen in *Meine Cousine Rachel, Der große Regen, Blick zurück im Zorn, Titanen, Der längste Tag, Beckett oder die Ehre Gottes, Die Nacht des Leguan* und *Wer hat Angst vor Virginia Woolf?*.

Für seine Frau Elizabeth ersteigerte Richard berühmte und wertvolle Juwelen, u. a. den „Krupp-Diamanten", die Riesenperle „La Peregrin" und den sogenannten „Burton-Diamanten", den er 1969 für eine Million erwarb. 1964 gründete er eine Stiftung für Bluter und schenkte dem Genfer Kantonskrankenhaus, das seinem

Bruder nach einem schweren Autounfall gehol-
fen hatte, 100.000 Mark.

Da Elizabeth aus Gesundheitsgründen keine
Kinder mehr bekommen durfte, adoptierte das
Paar die kleine Maria Heisig, Tochter eines Ar-
beiters aus Mering bei Augsburg. 1969 wurde
das mexikanische Waisenkind Sergio Toledano
De la Torre adoptiert.

E l i z a b e t h   T a y l o r
5+3+1+7+1+2+5+4+5 + 4+1+1+3+7+2
       33   +   18

Namenszahl: $33 + 18 = 51 = 5 + 1 = 6$
Herzzahl: $20 = 2 + 0 = 2$
Persönlichkeitszahl:
              $31 = 3 + 1 = 4$

$*$ 27. 2. 1 9 3 2   L o n d o n
$= 27+2+(1+9+3+2)$ 3+7+5+4+7+5
                 $= 31 = 3 + 1 = 4$
Geburtstagszahl: $2 + 7 = 9$
Monatszahl: 2
Jahreszahl: $15 = 1 + 5 = 6$
Gesamtzahl: $\overline{17} = 1 + 7 = 8$

Schicksalsjahre: 1932
+ Quersumme: 15
1. Schicksalsjahr: 1947
+ Quersumme: 21
2. Schicksalsjahr: 1968
+ Quersumme: 24
3. Schicksalsjahr: 1992

R i c h a r d   B u r t o n (J e n k i n s)
2+1+3+5+1+2+4 + 2+6+2+4+7+5 (1+5+5+2+1+5+3)
    18   +   26   (22   )

Richard Burton, geboren 1925.

Namenszahl:
$44 = 4 + 4 = 8 \, (40 = 4 + 0 = 4)$

Herzzahl:
$15 = 1 + 5 = 6 \, (8)$

Persönlichkeitszahl:
$29 = 2 + 9 = 11 = 1 + 1 = 2 \, (5)$

* 10. 11.   1   9   2   5
$= 10 + 11 + (1 + 9 + 2 + 5)$

P o n t r h y d f e n
8+7+5+4+2+5+1+4+8+5+5
$= 54 = 5 + 4 = 9$

Geburtstagszahl: $10 = 1 + 0 = 1$
Monatszahl: $11 = 1 + 1 = 2$
Jahreszahl: $17 = 1 + 7 = \underline{8}$
Gesamtzahl: $\overline{11} = 1 + 1 = 2$

Schicksalsjahre: 1925
+ Quersumme: $\underline{17}$
1. Schicksalsjahr: 1942
+ Quersumme: $\underline{16}$
2. Schicksalsjahr: 1958
+ Quersumme: $\underline{23}$
3. Schicksalsjahr: 1981

Vergleichen wir einmal das Gesamtbild der
errechneten Zahlen, so zeigen sich außer den
ungeraden Geburtstagszahlen für Elizabeth Taylor (9) und Richard Burton (1) nahezu ausschließlich gerade „weibliche" Zahlen bei beiden.
Allerdings ist die Elf eventuell bei Burton zu
berücksichtigen, die bei ihm zweimal vorkommt
(Persönlichkeitszahl und Gesamtzahl seines Geburtsdatums).

Nach den Geburtstagszahlen 1 und 9 müßten beide sich gut verstehen (vgl. *Partnerwahl und Freundschaft,* Tabelle in diesem Buch). Auch beider Namenszahlen (Elizabeth Taylor: 6, und Richard Burton: 8) verhalten sich zueinander zumindest neutral. Betrachten wir das Jahr der ersten Eheschließung Taylor—Burton, so errechnen wir für sie: $27 + 2 + 1 + 9 + 6 + 4 = 49 = 4 + 9 = 13 = 1 + 3 = 4$, für ihn dagegen: $10 + 11 + 1 + 9 + 6 + 4 = 41 = 4 + 1 = 5$. Die Jahreszahl 4 hat wenig günstige Aspekte, da sie die Zahl der Dunkelheit und Niederlage ist. Elizabeth Taylor konnte wenig Glück haben. Für Burton brachte die 5 abenteuerliche Unternehmungen und Risiken mit sich.

Für das Scheidungsjahr 1974 ergibt sich nach ihrem Geburtsdatum: $27 + 2 + 1 + 9 + 7 + 4 = 50 = 5 + 0 = 5$, nach seinem Geburtsdatum: $10 + 11 + 1 + 9 + 7 + 4 = 42 = 4 + 2 = 6$. Die friedliche und harmonische 6 harmoniert aber nicht mit der nervösen und instabilen 5. So kam es denn zur Scheidung.

Für das Jahr der Wiederheirat errechnen wir für sie: $27 + 2 + 1 + 9 + 7 + 5 = 51 = 5 + 1 = 6$; für ihn: $10 + 11 + 1 + 9 + 7 + 5 = 43 = 4 + 3 = 7$.

Die Zahl 7 ist die Zahl des Geheimnisses, wobei sich in dem so beeinflußten Jahr eine heimliche Liebesaffäre anbahnen kann. Die zweite Heiratsabsicht zwischen Taylor und Burton wurde zwei Monate lang verheimlicht, bis dann die Trauung stattfand. Für Elizabeth scheint das Eheglück (6) wieder hergestellt zu sein, denn die Schicksalszahl ihres Heiratsdatums harmoniert

mit ihrer gleichlautenden Namenszahl. Für
Richard Burton sieht es nicht ganz so günstig
aus, denn trotz der Wiederheirat muß er sich
durch die Sieben als Schicksalszahl für das Jahr
1975 einsam, isoliert und verlassen fühlen.

Da das Tagesdatum 8 ihrer Heirat weder eine
Glückszahl für Elizabeth Taylor noch für Ri-
chard Burton ist (errechnet nach den Geburts-
tagszahlen), muß nach den übrigen ungünstigen
Zahlen angenommen werden, daß auch diese
Ehe nicht von langer Dauer sein wird.

Durch ihre Geburtstagszahl 9 gehört Elizabeth
Taylor zu den Kämpfernaturen mit starkem Willen und Durchsetzungsvermögen. Diese Eigenschaften ließen sie in ihrem Beruf erfolgreich
werden. Gelegentlich zeigen sich Neigungen zu
Jähzorn und Leichtsinn. Geschickt weiß sie,
wann, wie und wo sie ihren Charme einzusetzen
hat. Ihre zahlreichen Ehen zeigen sie als typische Vertreterin der Neuner-Gruppe, denn diese
Menschen verlieben sich leicht und heftig. Der
idealistische Zug zeigt sich in der Adoption von
zwei Kindern.

Richard Burtons Geburtstagszahl 1 weist auf
einen schöpferischen Menschen von gewisser
Originalität. Eigenwillig und zäh verfolgt er ein
einmal ins Auge gefaßtes Ziel. Die Eins macht
aber auch zu einer gewissen Brutalität geneigt.

Die Namenszahl 6 für Elizabeth Taylor zeigt,
daß sie im Grund eine idealistische, ausgeglichene
und mütterliche Persönlichkeit ist. Diese Zahl ist
auch ein Symbol für den weiblichen Sex, den
diese schöne Frau ausstrahlt und der ihr im Film-
geschäft die großen Erfolge sicherte. Richard

Burtons Namenszahl 8 zeigt, daß seine künstlerischen Erfolge durch große Anstrengungen erreicht wurden. Er hat es im Leben nicht immer einfach gehabt. Die Doppeldeutigkeit der Acht beweist sich aber auch in einer gewissen Hemmungslosigkeit. Diese Menschen können selbstsüchtig, tyrannisch und skrupellos sein.

Elizabeths Herzzahl 2 harmoniert mit der Sechs ihrer Namenszahl. Zweier sind versöhnlich, taktvoll und diplomatisch. Wenn sie diese Eigenschaften nicht hätte, dann wäre es sicherlich nicht zu einer Versöhnung zwischen ihr und ihrem Mann gekommen. Demgegenüber beweist ihre Persönlichkeitszahl 4, daß sie hart arbeiten kann, daß sie fleißig und ausdauernd ist.

Richard Burtons Herzzahl 6 zeigt deutlich, daß er im Grund seines Herzens sich nach einem friedlichen und harmonischen Glück sehnt, doch die Einflüsse seiner Geburtstagszahl 1 und seiner Namenszahl 2 sind stärker als dieser heimliche Wunsch. Seine Persönlichkeitszahl 11 deutet auf seine intensive Erlebnisfähigkeit hin (darin begründet vielleicht eine gewisse Labilität) und auf seine künstlerische Begabung, seine Rollen intuitiv richtig zu erfassen. Äußerlich ist er der vitale, draufgängerische Typ, den er auch in seinen Filmen verkörpert hat.

1947, im ersten Schicksalsjahr Elizabeth Taylors, wurden ihre Filme *Cynthia, Leben mit Vater* und *Kleine tapfere Jo* gedreht. Sie wurden ihre ersten größeren Filmerfolge. Das Jahr 1968 stand für sie unter dem Einfluß der doppeldeutigen 8. In diesem Jahr wurde sie schwer krank. Ob sie das nächste Schicksalsjahr 1992 erreichen

wird, können wir nicht sagen, denn das Todesjahr einer Person läßt sich numerologisch nicht
sicher errechnen.

Im ersten Schicksalsjahr für Richard Burton,
1942, erhielt er seine erste Schauspielrolle in dem
Stück *Druid's Rest,* das 1943 aufgeführt wurde.
1958, das zweite Schicksalsjahr, stand unter dem
Einfluß der 8, in Verbindung mit der Acht seiner Namenszahl ausnahmsweise ein günstiges
Omen. Diese Zahl kann sowohl Erfolg als auch
Mißerfolg bescheren. Für das nächste Schicksals-
jahr 1981 errechnen wir: $10 + 11 + 1 + 9 + 8 + 1 = 40 = 4 + 0 = 4$, die Zahl der Dunkelheit und der wirtschaftlichen Niederlage, die
auch Tod bedeuten kann.

LITERATURHINWEISE

Frater Albertus, *Von 1 bis 10*, Bietigheim 1973

Hedy Brusius, *Edelsteine bringen Glück*, Genf 1975

Richard Cavendish, *Die schwarze Magie*, Frankfurt/Main 1969

Cheiro, *Buch der Zahlen*, Freiburg 1968

F. H. Curtiss, *Key to the Universe*, Washington 1917

Franz C. Endres, *Mystik und Magie der Zahlen*, Zürich, 3. Auflage 1951

Hill/Williams, *Das Übernatürliche*, Genf 1968

Johannes Hoffmeister, *Wörterbuch der philosophischen Begriffe*, Hamburg 1955

Pauline Innis, *Astronumerology*, New York 1971

Dr. Klingsor, *Experimental-Magie*, Freiburg 1967

Hanns Kurth, *Mit Biorhythmik zum Erfolg*, Zürich-Stuttgart-Wien 1972

Hanns Kurth, *10.000 Daten der Welt- und Kulturgeschichte*, Ratingen-Kastellaun-Düsseldorf 1974

Hanns Kurth, *Lexikon der Traumsymbole*, Genf 1976

V. Lopez, *Numerology*, New York 1961

Kurt Mendelssohn, *Das Rätsel der Pyramiden*, Bergisch-Gladbach 1974

Montrose, *Numerology for Everybody*, New York 1960

Ludwig Paneth, *Zahlensymbolik im Unbewußtsein*, Zürich 1952

Herbert Reichstein, *Praktisches Lehrbuch der Kabbala*, Berlin, 5. Auflage 1954

Margarete Riemschneider, *Von 0 bis 1001*, München 1966

H. V. Samuelson, *Numerology*, Los Angeles 1970

Kurt Seligmann, *Das Weltreich der Magie*, Wiesbaden o. J.

Raymond Silva, *Die Geheimnisse des Cagliostro*, Genf 1975

Walter Stark, *Marah — die Bibel weist modernster Wissenschaft den Weg*, Genf 1975

Werner Stein, *Kulturfahrplan*, München-Berlin-Wien 1968

Basil Steward, *The Great Pyramid*, 1925